Lj 79 (Réserve)

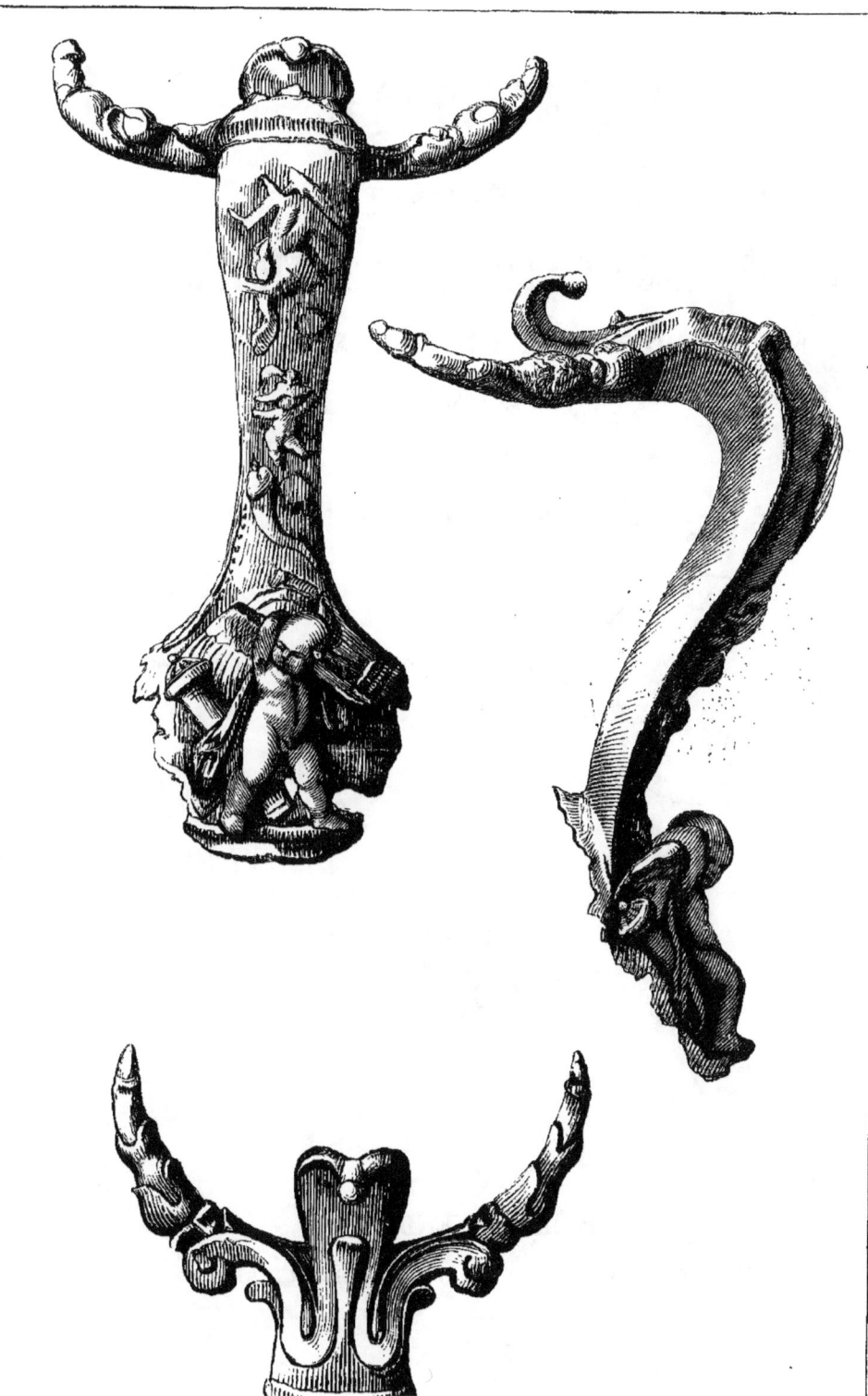

MÉMOIRE

SUR UNE DÉCOUVERTE

DE MONNAIES, DE BIJOUX ET D'USTENSILES

DES IIe ET IIIe SIÈCLES

FAITE EN VENDÉE,

PAR

Benjamin FILLON.

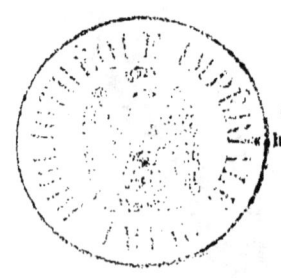

« La conquête de l'aristocratie gauloise par la civilisation helléno-latine fut complète. »

HENRI MARTIN.

NAPOLÉON-VENDÉE,
CHEZ J. SORY, IMPRIMEUR DE LA PRÉFECTURE.

—

1857

TIRÉ A 60 EXEMPLAIRES.

A PAUL MARCHEGAY.

MÉMOIRE

SUR UNE DÉCOUVERTE

DE MONNAIES, USTENSILES ET BIJOUX

DE L'ÉPOQUE GALLO-ROMAINE,

FAITE PRÈS DU VEILLON, CANTON DE TALMOND (VENDÉE).

« La conquête de l'aristocratie gauloise par la civilisation
« helléno-latine fut complète. »
HENRI MARTIN.

§ I.

On a souvent dit que c'était chose difficile à l'historien et même au simple chroniqueur de rester impartial. J'estime qu'il est pour eux une autre tâche tout aussi délicate ; celle de se procurer des renseignements sur la véracité desquels ils puissent compter. Comment, en effet, marcher d'un pas ferme au milieu d'évènements accomplis il y a des siècles, quand on a une peine infinie à apurer le moindre fait datant d'hier ? Jamais, peut-être, il ne m'était arrivé de comprendre mieux ces petites misères du métier, que depuis le jour où la découverte du trésor gallo-romain du Veillon a mis en émoi le monde des numismatistes et des archéologues.

Chacun sait combien il importe d'avoir des détails précis sur la composition des enfouissements d'objets antiques, et sur les conditions dans lesquelles ils ont été confiés à la terre. Il n'est si mince trouvaille de ce genre qui, bien étudiée, ne fournisse des indications précieuses au double point de vue de l'histoire et de l'archéologie. Il importe aussi que les objets de quelque valeur entrent dans les collections publiques, et qu'on les accompagne de bonnes notices qui leur servent de certificats de notoriété. Mais combien il est rare d'avoir de première main ces détails! Presque toujours la nouvelle arrive trop tard aux oreilles d'un vrai connaisseur ; alors il s'y mêle une foule de récits mensongers, et il n'est pas aisé à l'antiquaire le plus exercé de séparer le vrai du faux et de suivre sa route au travers des contes faits à plaisir, soit par les gens de la campagne, soit par les brocanteurs, patentés et autres, race peu véridique de sa nature, qui a toujours, en un petit coin de sa conscience, une de ces habiletés appelées, dans son argot, bons tours joués aux amateurs. Si la bourse de ces derniers avait seule à en souffrir, il n'y aurait pas grand chose à dire : *à bon chat bon rat*; mais, en trompant les amateurs, on court risque, la plupart du temps, de corrompre les sources de la science. Là est le véritable mal.

La découverte, qui nous occupe, a été faite dans ces conditions déplorables. L'ignorance des premiers inventeurs, persuadés que le Gouvernement avait droit de revendiquer la totalité ou une notable portion du trésor, la mauvaise foi de ceux qui vinrent ensuite, tout a concouru à jeter d'abord de l'incertitude sur les circonstances qui l'ont amenée ; si bien qu'un premier rapport, présenté par moi à la Société archéologique de Nantes (1), et rédigé pourtant sur des renseignements recueillis presqu'au moment de la trouvaille, fourmille d'erreurs. C'est ce qui m'engage à le refondre en entier, et à livrer une seconde fois à l'impression le résultat de mes recherches, sans être assuré encore d'être complètement dans le vrai.

§ II.

Au mois d'août dernier, une taupe amena à la surface du sol d'un champ, dit du *Quéreux-Pigeon*, ensemencé cette année en blé, et situé à un demi-kilomètre au nord du Veillon, commune de Saint-Hilaire-de-Talmond (Vendée), plusieurs pièces couvertes de vert-de-gris. Un jeune domestique du fermier, s'en étant aperçu, se mit à piocher dans l'endroit indiqué par la taupe, et rencontra bientôt, à 15 centimètres à peine de profondeur, une telle quantité de ces pièces, que lui et son maître en emportèrent un plein bissac, et en donnèrent à qui en voulut, les estimant sans valeur. Deux femmes de Bourgenay, village voisin, la mère et la fille, présentes à la distribution, se mirent, un instant après, sans être vues, à creuser la terre au même endroit avec une mauvaise houlette. Au bout d'un instant, leur apparut un vase en bronze, qu'elles frappèrent à coups redoublés jusqu'à ce qu'elles lui eussent fait une fracture, d'où s'échappèrent des bijoux d'or et d'argent à leurs yeux émerveillés. En ce moment sonnait le *Sanctus* de la messe à Talmond; saisies d'étonnement et de crainte, convaincues qu'il y avait quelque chose de diabolique dans ce qui leur arrivait et de dangereux dans leur action, (car Satan est propriétaire de tout ce qui est caché depuis une année en terre, et ne se laisse pas impunément

(1) Revue des provinces de l'Ouest, 1856-1857.

ravir ses trésors (1)), elles n'osèrent pousser plus loin leur fouille, et s'enfuirent à la hâte, n'emportant qu'une faible portion des objets contenus dans le vase. Le reste fut recueilli, quelques heures plus tard, par les paysans du pays accourus également au bruit de la découverte, pour avoir part au butin. Ce fut alors qu'un second vase en bronze fut trouvé, et qu'on put juger de la forme de la cachette où le tout était déposé. C'était une sorte de petit caveau de 1 mètre 66 centimètres de long, 1 mètre de large et 50 centimètres de haut, divisé en deux parties par une légère maçonnerie et ménagé dans l'épaisseur d'un mur d'une antique villa, dont les restes étaient encore apparents au-

---

(1) Cette croyance est généralement répandue parmi les habitants de la Vendée. Je citerai, entre autres exemples, le fait suivant qui s'est passé ces temps derniers. Au commencement de cette année, un charpentier du Poiré-de-Veluire, voulant enlever de son champ les assises inférieures de la base d'un vieux calvaire, appelé jadis la Croix-César, trouva un certain nombre de monnaies françaises de la première moitié du XIVe siècle, déposées, lors de l'érection du monument, avec la première pierre, dans laquelle on avait pratiqué un petit enfoncement pour les recevoir. Cet homme, qui a voyagé et secoué le joug des vieux préjugés, voulut s'amuser aux dépens de la crédulité de sa femme. *Tiens, la Mère*, lui dit-il en rentrant le soir au logis, *je n'ai plus besoin de travailler desmézy ; je viens de dénicher un trésor et battu le diable qui le gardait. Ça n'a pas été sans peine que j'ai pu mettre la main dessus ; quand j'ai voulu le saisir, le grand homme noir s'est dressé devant moi et m'a pris au collet ; mais, s'il a bon poignet, je l'ai aussi rude que lui : il a emporté sa roulée. »* — La femme, fort inquiète des conséquences d'une pareille témérité, fit triste figure au repas du soir, ne put clore l'œil toute la nuit, et, le lendemain, eut beaucoup de peine à se persuader que son mari s'était tout simplement moqué d'elle.

Mlle Amélie Bosquet a consacré à ces croyances superstitieuses un chapitre intéressant de sa *Normandie romanesque et merveilleuse*. V. p. 140 et suiv. On les retrouve sous diverses formes, appropriées aux idées religieuses de chaque pays, dans le monde presque entier.

dessus du sol, il y a une trentaine d'années à peine. Ce caveau était construit avec soin, pavé en briques et couvert de gros moellons. Les monnaies y étaient par tas, et, dans un angle, on avait placé les vases en bronze, dans l'un desquels étaient renfermés les bijoux et quelques pièces d'or. Dans l'autre se trouvaient plusieurs centaines de deniers d'argent à bon titre, tous antérieurs à la seconde moitié du règne de Septime Sévère. Le soc de la charrue, en passant chaque année au-dessus, avait dérangé quelques-uns des moellons et permis à la terre de pénétrer dans l'intérieur de la cachette, où la taupe, qui fut la cause de la trouvaille, avait établi son domicile. Cette construction disparut le jour même sous l'effort des pelles et des pioches des gens alléchés par l'espoir de rencontrer d'autres richesses.

A quelques pas plus loin, le terrain est jonché de fragments de briques à rebord et de poteries gallo-romaines, traces ordinaires laissées extérieurement par une villa. Cette habitation était bâtie tout proche de la mer et était adossée à une vaste forêt, qui venait jadis jusque là, et l'abritait au nord. En remontant la côte, était la mine d'argent de l'Essart, exploitée dès la plus haute antiquité. Le nom des Forges, porté par un village situé à côté, en entrant dans les terres, pourrait bien être un souvenir de l'exploitation primitive. Les substructions gallo-romaines ne sont pas d'ailleurs rares aux environs; mais les principaux gisements se voient à Angles, à Jart, et à Brem. Deux routes romaines, partant, l'une de Nantes, l'autre de Poitiers, venaient aboutir, de ce côté, à l'un des points du rivage poitevin. Le nom de Bourg-Chaussée, conservé par un petit manoir du voisinage de Talmond, est un souvenir de ces antiques voies de communication.

Jusque-là les renseignements n'ont pas fait défaut, et,

sauf sur quelques légers détails, il m'a été possible de savoir à peu près la vérité; mais, quant à la composition exacte du trésor, me voilà aux prises avec toutes les subtilités de la rouerie de l'homme de la campagne, de l'orfèvre et du brocanteur, ligués pour m'empêcher de continuer mon chemin.

Le principal acteur dans cette affaire, est un madré paysan, descendu en droite ligne du berger Aignelet de l'*Avocat Patelin,* qui s'empressa d'acheter à vil prix une grande partie des monnaies trouvées. Grâce à lui, presque tout l'immense dépôt, divisé par lots, fut bientôt dispersé en une foule de mains, après qu'une personne, étrangère au pays, venue aux bains de mer des Sables-d'Olonne, et un jeune clerc de M. Moricet, notaire à Talmond, eurent acheté, à deux ou trois sous pièce, quelques centaines de deniers d'argent antérieurs à Gordien III, qu'ils reconnurent être de meilleur aloi, en ce que l'oxide les avait moins ternis. Nantes, les Sables, Napoléon-Vendée, Montaigu, Luçon, Fontenay, etc., reçurent, à tour de rôle, dans l'espace de quelques jours, sa visite en cachette; et, partout, il laissa quelques milliers de pièces, ou quelques anneaux d'or. Rarement l'étoffe d'un brocanteur aussi parfait s'était rencontrée sous l'enveloppe d'un Vendéen. Avec de la pratique, je vous suis garant qu'il irait loin et en remontrerait aux plus habiles. Dès sa première campagne, il possédait déjà à fond les ruses du métier, ayant une version différente pour chacun, et, par-dessus tout, la débitant avec cet air de Basile, auquel les plus fins connaisseurs se laisseront toujours prendre. En un mot, il manœuvra si bien, qu'il donna le change à tout le monde sur la véritable importance de la découverte, et eut ainsi le temps d'écouler clandestinement une notable portion de sa marchandise. Par malheur, rouerie n'est pas savoir : notre homme l'apprit à ses dépens; il ignorait l'importance réelle de ce qu'il avait entre les mains;

de façon qu'il se laissa enlever une à une les monnaies de grand prix, qu'il donna pour quelques sous, et tira, en fin de compte, infiniment plus mauvais parti de l'ensemble que s'il se fut confié tout d'abord à quelque personne capable de le guider.

On verra plus loin, par l'estimation approximative des objets, qu'il n'a pas en effet obtenu le dixième de leur valeur. Au lieu d'une somme assez ronde, qui lui eut assuré une honnête aisance, à peine s'il s'est procuré ainsi sept à huit cents francs, dépensés sans doute, à l'heure qu'il est, au cabaret. — *Farine du Diable s'en va en son*, dit le proverbe. Cette fois il n'est pas menteur.

Après cet intéressant personnage, arrivent trois à quatre autres individus de même espèce, qui achetèrent chacun un lot de deniers romains, et se mirent à courir la Vendée et les départements voisins, disant leurs monnaies trouvées à Talmond, à Olonne, à Challans, chaque fois que le collectionneur visité avait déjà fait emplette de celles du Veillon. Le jour où l'un de ces industriels se mit en campagne, (c'était celui qui avait écrémé le trésor, avant le clerc de M. Moricet) il lui arriva de montrer sa pacotille à un amateur, venu également aux Sables pour prendre des bains de mer. Celui-ci, que nous désignerons sous le nom de M. R..., car il sera plusieurs fois question de lui dans ce mémoire, examina froidement ce qu'on lui soumettait, choisit vingt deniers et une grande pièce en cuivre, et, mettant quarante-cinq francs dans la main du marchand, le renvoya enchanté de son coup d'essai. Or, ce dernier, ciseleur de son métier, ayant eu l'heureuse idée de conserver les empreintes sur cire à mouler de ces vingt et une médailles, il m'a été possible de reconnaître parmi elles une Marciane, deux Matidie, deux Pertinax, trois Didius-Julianus, deux Pescenius Niger, une Cornelia Supera et un magnifique médaillon en bronze, à fleur de coin, d'Alexandre Sévere et de sa mère, entouré d'un double cercle ciselé; le tout représentant une valeur d'aumoins dix-huit cents à deux mille francs. Je donnerai dans un instant la description de ces médailles. Le brocanteur prévenu par moi de l'énormité de sa bévue, épancha des flots de bile contre le mauvais plaisant qui, d'un seul coup, avait vengé sur lui toutes les victimes de ses supercheries, et fut trois jours malade de colère. — « Mais; Monsieur, s'écriait-il avec un désespoir comique, c'était un homme décoré! » — Oh, trop naïf ciseleur!

Enfin, arriva sur les lieux M. Carbonnier, essayeur de la garantie à Napoléon-Vendée, qui se procura presque tout ce qui restait aux premiers inventeurs, c'est-à-dire une quarantaine de kilogrammes, et les porta à Paris, où il les céda à MM. Rousseau, Charvet et Thouet, bien connus de tous les numismatistes. Quelques autres kilos, venus à M. Vincent, orfèvre de Napoléon, passèrent aussi dans les mêmes mains. De ce côté, du moins, rien n'était perdu pour la science, et j'ai pu savoir ce qu'il y avait de réellement curieux.

Les choses en étaient à ce point, quand MM. Adolphe Gaudin, juge de paix de Talmond, et Duroussy père, maire de cette petite ville, hommes éclairés et curieux de tout ce qui se rattache à l'histoire de leur pays, furent instruits par le bruit public de la bonne fortune arrivée à quelques-uns de leurs voisins. Ils se hâtèrent de prévenir M. Léon Audé, secrétaire-général de la préfecture de la Vendée, qui se rendit de suite au Veillon, acheta divers objets et trois mille monnaies, et recueillit des renseignements sur l'invention du trésor; mais il ne put se procurer les bijoux et ustensiles pris par les deux femmes de Bourgenay, tant elles étaient persuadées que l'*homme du gouvernement,* comme elles le nommaient, pouvait les poursuivre pour vol et revendiquer ces belles bagues d'or, dont elles aimaient à se parer. MM. Hyrvoix, et Nascimento, consul de Portugal à Nantes, furent plus heureux, quelques jours après, et parvinrent à vaincre leurs appréhensions. Un peu plus tard, M. L. Audé me transmettait par lettre ces renseignements, exacts quant à une partie des faits, mais incomplets quant à la liste de l'ensemble des objets, trompé qu'il avait été par les rapports mensongers des paysans.

§. III.

Voici maintenant ce qui résulte de ces divers renseignements. L'enfouissement se composait :

1° De deux vases en bronze ;

2° De trente et quelques bagues ou anneaux d'or et d'argent ;

3° De deux ou trois paires de boucles d'oreilles en or ;

4° D'une paire de bracelets en argent ;

5° De deux styles aussi en argent ;

6° De vingt-huit à trente cuillers de même métal ;

7° D'un collier en or. — Il y a doute sur l'existence réelle de ce bijou ;

8° De huit à dix monnaies en or,

9° De vingt-cinq ou trente mille monnaies d'argent ou de billon ;

10° D'un grand bronze de Julie, femme de Septime Sévère, d'un autre de Philippe fils, et d'un troisième de Postume

11° D'un médaillon d'Alexandre Sévère et de Mamée également en bronze.

— 14 —

De tout cela, j'ai pu voir en nature : les débris des deux vases, déposés aujourd'hui au musée archéologique de Napoléon-Vendée ; la portion des bijoux et des ustensiles achetée par MM. Hyrvoix et Nascimento, et cédée par eux au musée archéologique de Nantes; les deux styles ; trois monnaies d'or ; le grand bronze de Julie ; l'empreinte du médaillon d'Alexandre Sévère et celles des raretés enlevées au brocanteur, et quelques milliers de monnaies ; ce qui est plus que suffisant pour me donner une idée de l'ensemble. La description des principaux objets mettra également le lecteur à même de juger de la composition du trésor.

§. IV.

Il ne reste plus des deux vases que des fragments, qui permettent néanmoins de se rendre compte de leur forme primitive. Leurs parois étaient très minces. Ils avaient le col allongé, la panse légèrement élargie au centre et se retrécissant en descendant vers le fond. Des anses soudées, en haut, à l'orifice, et, en bas, à la panse, servaient à les soulever avec facilité. Une de ces anses est tout unie ; l'autre est au contraire d'un fort beau travail. Sa partie supérieure s'arrondit en un gracieux fleuron, tandis que sa base est décorée d'un petit génie en haut relief, portant la lyre et le carquois, attributs d'Apollon. Un autre génie de plus petite dimension se joue au-dessus, au milieu de divers emblèmes. Peu versé dans l'étude de l'iconographie payenne, je me contente de reproduire, en demi grandeur de l'original, et sous trois de ses faces, ce charmant débris, qui fait si vivement regretter la brutale incurie des femmes de Bourgenay et des autres inventeurs (1). Le crayon de M. Marlet, habile

---

(1) Le vase intact vaudrait au moins trois cents francs. Les fragments ont été vendus 40 sous. — Avis à ceux qui trouvent des antiquités ayant quelque valeur artistique.

artiste actuellement établi à Napoléon-Vendée, saura mieux que moi parler aux yeux et à l'esprit du lecteur. Je lui ai confié le soin de suppléer à mon insuffisance.

Le style des figures, la franchise et la précision de leur modelé, me font considérer ce vase comme une œuvre d'une époque antérieure au règne de Postume. Quelle qu'ait été l'importance du mouvement artistique qui se produisit dans les Gaules sous ce grand homme, importance dont la numismatique et la glyptique nous ont transmis l'éclatant témoignage, il n'a pu s'élever à cette hauteur. Je croirais plutôt ce fragment de la seconde moitié du deuxième siècle.

§. V.

BIJOUX ET USTENSILES. — Le musée archéologique de Nantes possède :

1° Une bague en or, ornée d'une pâte en verre représentant une victoire, gravée en creux ;

2° Une bague en or ; sur la pâte en verre est un personnage nu tenant une lance ; Mars peut-être ?

3° Une bague en or, de plus petite dimension, avec les

lettres N O N gravées en creux sur le chaton, pouvant servir de cachet.

4° Une bague en or, encore plus petite, sans ornement ;

5° et 6° Bagues en or, ayant probablement servi à des statues de divinités ;

7° Anneau d'or de forme hexagone ;

8° Boucles d'oreilles formées d'un simple fil d'or recourbé et lié aux extrémités ;

9° Bague d'argent semblable au n° 1 ; la pâte de verre est enlevée ;

10° Neuf ou dix anneaux de même métal de formes diverses ;

11° Paire de bracelets d'argent formés d'une baguette tordue ; l'un est cassé ;

12° Quatre cuillers, aussi d'argent ; l'une d'elles se rapproche, par la forme, des nôtres (1).

Indépendamment de ces objets, dont la conservation est du moins assurée, j'ai encore vu en nature : Une bague d'or, avec une pâte en verre représentant Mars, une autre en argent dépouillée de son chaton et un style aussi en argent, de forme ordinaire, qui m'ont été montrés par un marchand de lunettes ambulant ; un style de même métal que l'autre appartenant à M. de Bessay, aîné, propriétaire à la Benastennière de Grosbreuil. Je donne la gravure de cet instru-

---

(1) V. *Antiquité expliquée*, T. I, part. II, p. 139 ; *Recueil d'antiquité* de Caylus, T. I, p. 235, et *Recueil des monuments antiques découverts dans l'ancienne Gaule*, par Grivaud de la Vincelle, T. II, p. 91 et pl. XI, n° 4. La cuiller que reproduit ce dernier auteur est d'une forme identique à trois de celles du musée de Nantes. Elle a été trouvée avec des monnaies de Claude le Gothique.

— 17 —

ment (1). Enfin, une bague d'argent semblable à celles du musée archéologique de Nantes, sauf la pâte en verre, et une autre bague en or creux, plus ancienne que le reste des bijoux. Elle est tout unie et d'un travail fort simple. Dans la partie supérieure qui est très-grosse, on a intercalé un denier d'argent d'Albin, portant au revers les lettres S. P. Q. R. P. P. OB. C. S. entourées d'une couronne de laurier. Le rebord du chaton se recourbe en cercle légèrement dentelé sur la légende de la pièce qu'il cache en entier ; mais le caractère de la physionomie fait aisément reconnaître le prince dont elle reproduit les traits. Au-dessous, est une évidure permettant de voir le revers.

Cette bague a probablement été faite pour un partisan d'Albin, au moment de sa lutte contre Septime Sévère (197). Le choix de la légende me porterait à le croire. Ce dut être un signe séditieux pendant nombre d'années ; mais il n'avait déjà plus de sens à l'époque où nous sommes arrivés, à moins que son propriétaire ne l'eut exhumé sous Postume, en souvenir d'Albin, qui avait voulu tenter l'entreprise réalisée par ce dernier.

(1) V. *Antiquité expliquée*, T. III, pl. CXCIII. Le graveur a un peu exagéré les proportions de ce style sur la vignette ci-jointe. Un instrument tout-à-fait semblable a été trouvé à Saintes en 1827.

2

On m'a signalé en outre : dix-huit ou vingt cuillers achetées par un marchand de nouveautés, une autre cuiller et une bague d'or données à M. Dorie, de Longeville, propriétaire du champ, et quelques bagues de l'un et l'autre métal restées aux doigts des paysannes du voisinage. Ces renseignements sont peut-être entachés d'exagération. Je ne parle pas du collier et de deux paires de boucles d'oreilles en or ; car leur existence est très-problématique.

Ces bijoux et ustensiles sont, sans exception, d'un travail assez grossier, et probablement des produits de l'industrie de l'ouest de la Gaule au IIIe siècle. Les bagues sont ornées, en général, de pâtes en verre, imitant des intailles. M. L. Audé a pourtant recueilli une jolie petite cornaline gravée en creux, qui avait la même destination. Je regrette d'être dans l'impossibilité de la décrire, faute de l'avoir vue en nature ou d'en posséder une empreinte.

Il est bon de remarquer la forme des bagues, spécialement celle du n° 2 dont je donne ici la gravure. Cette forme, introduite vers le temps de Septime Sévère, se conserva jusqu'au XIe siècle, ainsi que le prouve l'anneau pastoral de Saint Goderan, enterré à Maillezais en 1073, que possède aujourd'hui M. Faustin Poëy-d'Avant.

§ VI.

MONNAIES D'OR. — Les monnaies d'or étaient dans le même vase que les bijoux et les ustensiles et seulement au nombre de huit à dix. Elles étaient d'Adrien, d'Antonin, Faustine l'aînée, Lucius Verus et Commode. — Il n'y avait de rares qu'un Antonin de médiocre conservation, ayant au revers deux figures dans un temple à huit colonnes et la légende TEMPL. DIVI AVG. REST. COS. IIII., et le Commode, acheté par M. Juchault de St-Denis, propriétaire à la

Guignardière d'Avrillé (1). L'Antonin a passé entre les mains de M. R. le numismatiste qui se trouvait aux bains de mer des Sables.

GRANDS BRONZES. — Le premier est de Julie, femme de Septime Sévère. Cette pièce, de médiocre rareté, porte au revers quatre figures sacrifiant devant un temple et la légende : VESTA. Elle était entourée d'une bordure dentelée d'argent, dans le style de celle qui se voit autour d'un aureus de Gordien III, conservé au Vatican, et gravé à la planche LXIX du tome II de l'ouvrage de R. Venuti sur les principaux monuments numismatiques de ce célèbre cabinet. La bélière, permettant de suspendre ce bronze et de le porter au cou, a été enlevée avec une portion de la bordure, par la femme qui l'avait trouvée. Après s'en être rendu acquéreur, M. Duroussy a fait resouder cet ornement; mais l'orfèvre chargé du travail s'en est malheureusement fort mal acquitté. M. Duroussy a fait présent de cette pièce à M. Léon Audé, qui l'a donnée au musée de Napoléon-Vendée.

On m'a parlé également d'un grand bronze de Philippe-le-jeune, ayant au revers un gros animal. C'est sans doute celui qu'on a frappé à l'occasion des Jeux Séculaires et sur lequel est un hippopotame. Le troisième est de Postume avec le revers d'Hercule dans un temple tétrastyle, et la légende : HERCVLI DEVSONIENSI.

MÉDAILLON EN BRONZE. — C'est la perle de la découverte. Têtes d'Alexandre Sévère et de Mamæe; IMP. SEVERVS ALEXANDER AVG. IVLIA MAMAEA AV. MATER AVG.

℞. L'empereur, entouré de cinq personnages, sacrifie sur un autel placé près d'un temple; ROMAE AETERNAE.

---

(1) Je ne mentionne cet aureus que par ouï-dire. Quelques personnes le prétendent d'un autre empereur.

Autour est une bordure de même métal, large de 0^m 009, décorée de deux cercles concentriques en relief et d'un troisième formé de perles, qui touche immédiatement le point de jonction de cette bordure avec la médaille. A en juger par l'empreinte en cire qu'on m'a montrée, sa conservation est irréprochable, et, si j'en crois l'infortuné brocanteur, une patine d'un beau vert grisâtre vient encore ajouter au prix de ce magnifique médaillon, livré pour cinq francs à son possesseur actuel.

MONNAIES D'ARGENT. — J'ai constaté plus haut qu'elles étaient renfermées dans l'un des vases ; celui qui n'était décoré d'aucun ornement. Il y en avait de cinq à six cents au plus, et elles étaient aux noms de la plupart des empereurs césars et impératrices qui se succédèrent depuis Néron jusqu'à Septime Sévère inclusivement.

La liste suivante a été dressée avec l'aide des indications fournies par les principaux acquéreurs.

NÉRON.
VITELLIUS. — VICTORIA AVGVSTI, 1 exemplaire.
VESPASIEN.
TITUS.
DOMITIEN.
NERVA. — S. P. Q. R. OPTIMO PRINCIPI, 1.
TRAJAN.
MARCIANE. — EX SENATVS CONSVLTO, char à deux éléphants, 1 (*acheté par M. R.*)
MATIDIE. — PIETAS, femme debout tenant dans les bras deux enfants, 2 exempl. (*achetés par M. R.*)
ADRIEN.
SABINE.
AELIUS.
ANTONIN LE PIEUX.
FAUSTINE L'AINÉE.

Marc Aurèle.

Faustine la jeune.

Lucius Verus.

Lucille.

Commode. — CONSECRATIO, aigle sur un globe, 1, *(acheté par M. R.)*

Crispine.

Pertinax. — LIBERATIS CIVIBVS, femme debout, 1.
— SAECVLO FRVGIFERO, caducée entre deux épis,
1, — *(achetés par M. R.)*

Didius Julianus. — FIDES EXERCIT., deux mains jointes tenant un caducée, 3 exem., *(achetés par M. R.)*

Pescenius Niger. — ROMAE AETERNAE, Rome assise, 1 exempl.; — CERERI FRVGIFERAE, Cérès debout, 1 exempl., *(achetés par M. R.)*

Les monnaies de cet empereur, proclamé en Orient, se trouvent presque jamais en Gaule. C'est donc un it anormal d'en avoir rencontré dans le trésor du illon. Il est vrai qu'il y en avait aussi, comme nous le rrons plus bas, de Macrien et de Quietus, revêtus également la pourpre dans cette partie de l'Empire. La circulation numéraire était telle alors, que la présence de ces pièces le territoire poitevin n'a toutefois rien d'étonnant.

Albin. — Huit exemplaires du denier au revers des deux mains jointes, devenu si commun depuis la grande découverte qui en a été faite il y a quelques années.

Septime Sévère. — Trois à quatre deniers aux têtes réunies des membres de la famille de Septime Sévère.
— 1° au revers têtes affrontées de Caracalla et de Géta; 2° Tête de Géta au revers; 3° Tête laurée de Caracalla et, au revers, celle de Plautille. *(Trois exemplaires ont été achetés par M. R. et un autre est allé à Paris)*

Julia Domna.

Je ne sais si ces dernières monnaies étaient dans le vase ou dans la cachette, avec celles dont il me reste à parler.

L'état de conservation des diverses pièces de cette catégorie est en général assez satisfaisant à partir de Commode. Celles d'une date antérieure, surtout celles qui remontent au-delà de Trajan, sont, au contraire, très-usées par la circulation.

MONNAIES D'ARGENT A BAS TITRE ET DE BILLON. — Elles formaient l'immense majorité du dépôt, puisqu'elles étaient au nombre de vingt-cinq à trente mille. Je n'en ai examiné qu'environ quatre mille et quelques cents, apportés à Fontenay à mon ami Octave de Rochebrune; mais ce dernier, en a visité une quantité presqu'égale, sur laquelle il m'a donné des renseignements précis, qui, joints à ceux fournis par MM. L. Audé, De la Brière, receveur général de la Vendée, Debrun, père, Hyrvoix, Nascimento, F. Poëy d'Avant, Rousseau et Charvet, me font espérer avoir dressé une nomenclature complète des noms renfermés dans la cachette.

Parmi cette masse de deniers émis après le règne de Septime Sévère, il y en avait pourtant une cinquantaine de ce prince à un titre plus bas que les précédents (1). Ils étaient placés en un petit monceau avec d'autres d'une date un peu postérieure; puis venait ensuite le reste des monnaies, également divisées par tas, et disposées, selon leur titre respectif, de façon à ce qu'on put aisément en supputer la valeur (2).

---

(1) On sait que Septime Sévère fut le premier qui altéra le titre de la monnaie d'argent. Sous ses successeurs elle subit encore plusieurs autres modifications, qui finirent par la réduire, sauf quelques rares exceptions, à l'état de mauvais billon. Dioclétien lui rendit son titre primitif.

(2) Plusieurs dépôts monétaires ont présenté cette particularité. On peut voir, par exemple, dans les *Lettres de Marchant sur la numismatique et l'histoire*, p. 411, Éd. de 1850, ce que dit cet antiquaire du trésor de Famars.

Je reprends la liste :

SEPTIME SÉVÈRE.
JULIA DOMNA.
CARACALLA.
PLAUTILLE.
GETA.
MACRIN.
DIADUMÉNIEN, — SPES PVBLICA, femme debout; — PRINC. IVVENTVTIS, le prince debout entre trois enseignes, 4 exempl., (*le premier acheté par M. R., un des autres au musée de Napoléon-Vendée.*)

ELAGABALE.
CORNELIA PAULA. — CONCORDIA, 2 exemplaires.
AQUILIA SEVERA. — CONCORDIA, l'empereur et l'impératrice se donnant la main. 1.
JULIA SOÆMIAS.
JULIA MÆSA.
JULIA MAMÆA.
ALEXANDRE SÉVÈRE.
MAXIMIN.
PAULINE. — CONSECRATIO, paon éployé, 1 exempl.
MAXIMUS.
BALBIN. — AMOR MVTVVS, plusieurs exemplaires.
PUPIEN. — FELICITAS AVGVSTA, 2 exempl., (*l'un acheté par M. R.*)

GORDIEN III. — PIETAS AVGG., instruments de sacrifice. On sait que la tête est sans couronne, 1 exempl., (*M. Hyrvoix.*)

PHILIPPE le père. — PIETAS AVGG; têtes d'Otacilie et de Philippe le fils. 1.

OTACILIA SEVERA. — ROMAE AETERNAE, 1 exempl.
PHILIPPE le fils.

Quatre à cinq exemplaires des deniers d'Otacilia Severa sont percés. L'un d'eux porte en contremarque les lettres MAR. Aucune des nombreuses monnaies de Philippe trouvées au Veillon, non plus que celles de sa femme et de son fils, ne sont ornées de types ou légendes ayant trait au culte payen. Ce sont toujours des abstractions, des personnifications de vertus, des emblêmes, des figures commémoratives. N'y aurait-il pas à tirer de ce fait quelques inductions en faveur des croyances religieuses de ce prince ? — On connaît pourtant deux ou trois médailles de lui avec des représentations de divinités de l'Olympe ; mais elles ont pu être frappées dans des circonstances exceptionnelles et en dehors de l'action de l'empereur, surtout celles de bronze. On sait d'ailleurs que la souveraine puissance entraînait à Rome l'exercice des fonctions politiques et religieuses de grand prêtre. L'étude des monnaies romaines, à ce point de vue, conduirait à des découvertes curieuses.

Trajan Déce; restitutions aux types de l'autel et de l'aigle, avec la légende CONSECRATIO, d'Auguste, Vespasien, Titus, Nerva, Trajan, Antonin, Marc-Aurèle, Septime-Sévère et Alexandre-Sévère. Elles sont peut-être de Trébonien-Galle.

Etruscille,
Herennius Etruscus,
Hostilien,
Trébonien Galle; VICTORIA AVG.; victoire passant à gauche : à l'exergue, le nombre IIV (VII?) — ROMÆ ÆTERNÆ AVG.; Rome assise : à l'exergue, le nombre VII. *(Coll. d'Arthur Parenteau de la Voute.)* Selon Marchant, les chiffres que portent ces pièces sont des dates et indiquent qu'elles ont été frappées en l'an de Rome 1007. Le premier de ces

deniers est identique à celui gravé au n° 6 de la planche XXV de l'édition des *Lettres* de ce numismatiste donnée en 1850, sauf qu'au lieu du nombre IV, l'exergue porte IIV. Cela me fait croire que Marchant a eu à sa disposition un exemplaire altéré. Quant au revers de la seconde monnaie, il est semblable à celui du denier de Volusien gravé au n° 7 de la même planche. Il a été émis, par conséquent, des espèces à un type commun entre le père et le fils.

Volusien,
Aemilien,
Cornelia Supera; VENVS VICTRIX; Vénus debout. — L'exemplaire dont j'ai vu l'empreinte est à fleur de coin, et percé pour donner passage à un petit anneau en argent; circonstance qui l'avait fait remarquer du premier acquéreur. *(Acheté par M. R.)*.
— M. Charvet a trouvé une autre Cornelia Supera dans le lot provenant de M. Vincent, orfèvre à Napoléon. Je n'en connais pas le revers.

Valérien,
Mariniana,
Gallien,
Salonine,
Salonin,
Postume,
Macrien, fils; INDVLGENTIAE AVG., *(à M. De la Brière)*.
Quietus, ROMAE AETERNAE; MARTI PROPVGNATORI, deux ou trois exemplaires du premier.

Les monnaies de Gordien III, de Philippe le père, de Trajan Déce, de Trébonien-Galle, de Volusien, Valérien, Gallien, Salonin et Postume composaient les neuf dixièmes de l'ensemble. Les Postumes seuls y étaient au nombre de plus de vingt mille, et pourtant il ne paraît pas s'y être rencontré un seul type rare de cet empereur, dont j'ai vu vingt-sept revers différents (1). J'en donne la nomenclature au § XI. — Il ne s'est pas trouvé non plus, si j'en crois mes observations et celles de mes correspondants, une seule inédite curieuse dans la masse entière; ce qui indique que la numismatique romaine, surtout celle du haut et moyen empire, est, de nos jours, un champ trop bien exploré, pour laisser place, sous ce rapport du moins, à beaucoup de découvertes nouvelles.

(1) Un trésor déterré en 1843, aux environs de Mauzé (Deux-Sèvres), et déposé en terre à la fin du règne de Claude le Gothique, (vers 270), contenait au contraire trois deniers rares de Postume. — 1° Deux exemplaires avec Hercule enlevant sur ses épaules le sanglier d'Erymanthe; HERCVLI ERYMANTINO. — 2° Un avec la légende HERCVLI INVICTO, Hercule foulant aux pieds le corps d'une Amazone.

Ce trésor, renfermé dans un vase en terre rouge tout uni, se composait de 628 deniers d'argent à bas titre, de très-mauvais billon ou même de bronze saucé, de Trajan-Déce, Etruscille, Trébonien-Galle, Volusien, Æmilien, Valérien, Mariniana, Gallien, Salonine, Salonin, Postume, Victorin, Lœlien, Marius, Tétricus père et fils, et Claude le Gothique.

Les seules pièces rares qu'il y eut, outre les trois deniers de Postume indiqués plus haut, étaient :

1° Un Æmilien, ℞ deux mains jointes, CONCORDIA AVG.;
2° Trois Mariniana, avec le paon éployé ;
3° Un Lœlien, VICTORIA AVG.;
4° Cinq Marius, dont deux avec CONCORDIA MILITVM, et trois avec VIRTVS AVG.

Les monnaies des Tetricus et de Claude le Gothique entraient pour les cinq sixièmes dans la totalité du dépôt.

Il est resté en Vendée un certain nombre de ces monnaies, disséminées aujourd'hui entre les mains de plusieurs amateurs, parmi lesquels je citerai MM. De la Brière, à Napoléon ; Robert de Lézardière, fils, à Poiroux; Gabriel Defontaine, à St-Vincent-Sterlange ; de St-Denis, à Avrillé ; Hanaël Jousseaume, Octave de Rochebrune et Arthur Parenteau de la Voute, à Fontenay. On en a déposé aussi quelques-unes au musée archéologique de la Vendée ; mais il est à regretter que diverses circonstances fâcheuses aient empêché d'y faire entrer une suite beaucoup plus nombreuse. Ç'eut été laisser un souvenir matériel durable de la découverte, tandis que les collections particulières finissent toujours par se disperser.

§ VII.

Estimation approximative de l'ensemble.

Vases...	300 fr.
Ustensiles et bijoux........................	1000
Monnaies en or..............................	350
Autres monnaies	6000
Médaillon......................................	400
	8050 fr.

Cette estimation est aussi réduite que possible. En vendant les objets divers et les médailles rares isolément, on eut tiré 10,000 fr. de tout le dépôt.

§. VIII.

Quant à l'époque où le trésor du Veillon a été confié à la terre, on peut la déterminer aisément à un an près. La série des monnaies qui le composaient s'arrête, en effet, d'une part à Gallien et Salonine, et de l'autre à Postume, qui régnait en même temps dans la Gaule. L'état de conservation des deniers aux noms de ces princes démontre lui seul, qu'ils ont été enfouis presqu'aussitôt après leur sortie des ateliers monétaires, et qu'ils n'ont, pour ainsi dire, pas circulé. Ce point établi, je constaterai aussi qu'on n'y a trouvé que très-peu de ces petits bronzes à peine saucés, frappés vers la fin du règne de Gallien ; premier indice d'une date antérieure à 268, époque de la mort de cet empereur. Mais ce qui tranche la question, c'est qu'il n'y avait aucune monnaie de Victorin, associé à l'empire par Postume en 265, et que pas une des pièces de ce dernier ne portait la mention de son IVe consulat, décerné en 266, tandis qu'il y en avait beaucoup avec celle du IIIe. D'où je conclus qu'il faut placer, vers 264 ou 265, le moment où le propriétaire de la villa chercha à soustraire ce qu'il avait de plus précieux à quelque pressant danger. La présence de deniers de Macrien et de Quiétus, qui régnèrent en Orient de 260 à 262, montre, d'une autre part, qu'on ne peut assigner à cette circonstance une date beaucoup antérieure à celle que j'indique.

Cet enfouissement pratiqué sous Postume est loin d'être un fait isolé sur les confins de l'Ouest de la Gaule, du côté de l'Océan. Au Port-Juré, situé tout près du Veillon, à Olonne (1) et Saint-Benoit-sur-Mer, bourgs voisins, à Saint-Martin-

(1) Il ne faut pas confondre cette découverte, remontant au mois d'octobre 1813, avec deux autres pareillement composées de monnaies romaines, dont l'une, celle du château d'Olonne, a été mentionnée dans *la Revue des provinces de l'Ouest* (1854-1855, p. 328), et l'autre faite à Olonne même, au commencement de 1856, ne comprenait que des bronzes de la famille flavienne, parmi lesquels il y avait une grande quantité de ces pièces du plus petit module, portant au revers les noms de Constantinople et de Rome. Ces dernières étaient en général d'un travail très-barbare. M. Dague-Dubois, contrôleur de la garantie à Nantes, en a fait entrer un certain nombre dans sa collection.

Lars, près Sainte-Hermine, et à l'Ile-de-Ré, on a trouvé, depuis une quarantaine d'années, de nombreux dépôts monétaires, dans lesquels les pièces de ce prince étaient invariablement les plus récentes. Si, passant ensuite du territoire des Poitevins et des Santons aux autres parties de la Gaule, on examine la nature des monnaies romaines qui y ont été recueillies, réunies par masses considérables, on arrive à cet autre résultat :

1° En 1829, découverte à Damery (Marne) des ruines d'un ancien atelier monétaire. L'un des vases qui y ont été déterrés renfermait 2000 deniers des empereurs et impératrices ou césars depuis Philippe jusqu'à Postume. *(Rev. num. 1837, p. 172.)*

2° En 1844, à Nogent-sur-Eure, arrondissement de Chartres, on rencontre 610 monnaies de la période comprise entre Maximin et Postume *(Rev. num. 1844, p. 163)*.

3° En 1817, à Doué (Maine-et-Loire), un paysan met à jour une cachette où étaient plus de 4000 pièces aux noms d'Alexandre Sévère et de ses successeurs, y compris Postume. *(Note manuscrite de M. de la Fontenelle.)*

Ainsi, c'est dans le Nord-Ouest et l'Ouest de la Gaule que ces trouvailles ont, en général, été faites.

L'histoire du règne de Postume est mal connue ; mais on sait pourtant que, vers 264 ou 265, Gallien fit une dernière tentative pour renverser la puissance de son compétiteur, et que les Francs et les Allemands profitèrent de ce que le héros gaulois était occupé, du côté du Midi, à repousser cette

---

Je mentionnerai encore, à propos des monnaies de ces temps trouvées en Bas-Poitou, un très-bel exemplaire de l'aureus de Postume, avec la tête d'Hercule accolée à la sienne et la galère au revers, qu'un laboureur rencontra il y a un assez grand nombre d'années. C'est la monnaie romaine la plus rare qui me soit tombée entre les mains.

invasion, pour porter dans les autres provinces les plus épouvantables ravages. Je serais dès lors assez porté à croire que les trésors, dont je viens de donner la nomenclature, furent cachés en ce moment de crise, et qu'ils servent, en quelque sorte, à marquer l'itinéraire des barbares, qui, partant des bords du Rhin, se dirigèrent vers la Marne, franchirent la Seine, se répandirent dans les riches contrées comprises entre l'Armorique et la Loire, et, traversant ce dernier fleuve, firent une pointe jusque chez les Poitevins. Il est encore possible que des pirates descendus des mers du Nord, et poussés par un motif identique, se soient mis à dévaster nos côtes, tandis que les Francs et les Allemands ravageaient l'intérieur des terres. La multiplicité des enfouissements pratiqués chez nous au même moment, je dirais presque à la même heure, sur tant de points limitrophes de l'Océan, donne quelque poids à cette dernière hypothèse.

Je soumets du reste ces observations aux écrivains tentés d'entreprendre des travaux vraiment consciencieux sur Postume, le *Restaurateur de la Gaule*, qui attend depuis des siècles un historien digne de raconter sa glorieuse carrière (1). Ils feront bien également d'étudier la composition des trésors un peu postérieurs à ceux-ci. Ils sont en si grand nombre, qu'il y a, à coup sûr, des renseignements utiles à en tirer. La *Revue numismatique*, publiée sous la direction de M. Cartier et M. de la Saussaye, leur fournira à cet égard une foule de détails précieux. (2).

(1) Le savant Bréquigny a donné une vie de Postume insérée dans le tome XXX des *Mém. de l'Académie des inscriptions et belles lettres*, p. 345. — V. aussi l'*Iconographie des empereurs romains*, par M. Ch. Lenormant.

(2) V. aussi dans l'ouvrage intitulé : *Sépultures gauloises, romaines, franques et normandes*, par l'abbé Cochet, p. 101, découverte à Caudebec de 30 kilogrammes de monnaies, dont la moins ancienne était de Claude-le-Gothique.

La découverte de ces dépôts de numéraire, souvent placés dans des cachettes préparées avec soin à l'avance, n'a rien qui doive étonner, si l'on se reporte à l'histoire des temps où ils furent effectués. Depuis la mort de Commode, les habitants de la Gaule, sauf à de rares et courts intervalles, avaient presque toujours été sur le qui vive. Chacun se tenait donc sur ses gardes, prenaient ses précautions pour parer à toutes les éventualités. Venait un moment de crise, on s'empressait aussitôt de mettre son numéraire en un lieu sûr et ignoré de tous ; mais il arrivait parfois que le possesseur du trésor disparaissait dans la tempête et emportait son secret avec lui.

Règle générale, toutes les fois que des enfouissements de monnaies d'une période quelconque se rencontrent fréquemment dans une même contrée, on peut être assuré qu'elle a été victime de quelque grande catastrophe, à l'époque indiquée par la nature des pièces formant les dépôts. C'est à l'historien à mettre à profit ces indications et à suppléer, avec leur secours, à l'absence des documents écrits. Le sol de la vieille Gaule, exploré avec intelligence, se changera de la sorte en de vastes archives, qui, elles aussi, n'auront plus de secrets, du moment où on aura trouvé moyen de les faire parler.

Mais revenons au sujet principal de ce mémoire.

A cette heure, qu'il est bien établi que nos bijoux, ustensiles et monnaies, ont été cachés entre 264 et 265, je vais me servir de cet argument pour rectifier ce qu'a dit M. de Witte au sujet d'une curieuse monnaie de l'impératrice Salonine. En numismatique, comme en archéologie, tout se tient, tout se lie l'un à l'autre, et, c'est pour cela, qu'au début de mon travail, je faisais ressortir la nécessité d'avoir des détails précis sur la composition des dépôts d'objets antiques et sur les conditions dans lesquelles ils ont été mis en terre. On va en avoir une nouvelle preuve.

§. IX.

1° CORN. SALONINA. AVG. Buste de Salonine tourné à droite et appuyé sur un croissant. — ℞-AVG. IN PACE, femme assise tenant un bâton de la main gauche et un rameau de la droite ; à l'exergue : M S.

2° C. SALONINA AVG. Même revers.

3° SALONINA AVG. ℞.-AVGVSTA IN PACE.

4° SALONINA AVG. ℞.-AVG. IN PACE.

J'ai rencontré sept exemplaires de ce dernier ; deux de la première variété, un de la seconde, trois de la troisième, et un de la dernière, preuve indubitable que son émissiom était légale et non clandestine.

M. de Witte a fort bien démontré, dans un travail inséré dans les mémoires de l'Académie royale de Belgique, année 1852, (1) que la légende IN PACE était chrétienne et ferait supposer que la princesse pour laquelle on l'a employée devait l'être aussi. Ce n'était pas la première fois, d'ailleurs, que les croyances nouvelles arrivaient jusqu'au trône impéria. Julia Mamœa, mère d'Alexandre Sévére ; Philippe, son fils et Octacilia Severa, sa femme ; Triphonia, épouse d'Herennius Etruscus, avaient embrassé le christianisme ; mais jamais un symbole chrétien n'était encore apparu sur la monnaie frappée dans l'Europe romaine.

M. de Witte, se basant en outre sur l'analogie de ces mots AVGVSTA IN PACE, avec les inscriptions funéraires : DECESSIT IN PACE ; DORMIT IN PACE ; etc., etc., (2) en

---

(1) *Lettres du baron Marchant sur la numismatique et l'histoire*, (Ed. de 1850), p. 544. — Annotations de M. de Witte.

(2) *V.* aussi *Ragguaglio critico dei monumenti del le arti cristiane primitive nella metropoli del Cristianesimo disegnati ed illustrati per cura di G. M. D. C. D. G.* et *Rome souterraine.*

a conclu que le denier en question a été émis après la mort de Salonine, arrivée en même temps que celle de son mari, massacré à Milan, le 20 mars 268. C'est ce que la découverte du Veillon dément d'une manière formelle, puisqu'elle ne renfermait pas de monnaies postérieures à l'an 265. La légende AVGVSTA IN PACE fait donc allusion à quelque autre événement de la vie de cette princesse. J'ajouterai que ces monnaies sont un peu altérées par la circulation et ont, par conséquent, été fabriquées quelques années avant d'être placées en terre.

Ces observations ne portent que sur un point assez secondaire ; mais, quand il s'agit d'une question aussi grave que celle de l'intronisation du christianisme, les petits faits prennent des proportions plus larges et méritent le plus sérieux examen. Envisagé à ce point de vue, est-il beaucoup de médailles qui aient autant de vraie valeur historique que ce modeste petit morceau de cuivre ?

Je propose cette rectification à mon savant collègue, en le priant de revenir de nouveau sur le denier chrétien de Salonine, convaincu que sa sagacité ordinaire le conduira tôt ou tard à la solution de cet intéressant problème.

§ X.

La monnaie qui a fait le sujet du précédent paragraphe est loin d'être rare. Une autre qui l'est encore moins, et qui était représentée par de nombreux exemplaires dans le trésor du Veillon, vient également trancher une question d'épigraphie, fort controversée, depuis des centaines d'années, entre les savants de Bretagne et d'ailleurs. Je vais extraire de la notice sur l'abbé Travers, historien de Nantes, rédigée par mon ami Dugast-Matifeux, et couronnée par l'académie de cette ville, le passage relatif à ce denier, invoqué fort à propos pour terminer le combat ; nous l'espérons du moins. C'est beaucoup. Les découvertes ou applications nouvelles qui font taire les savants, sont choses si rares !

« Cette petite médaille, quoique bien connue déjà, est assez importante, parce qu'elle permet de vider un débat agité depuis longtemps entre les archéologues, sans qu'ils aient eu l'idée, pour la plupart, de se servir de cet argument capital dans la question. Elle porte, en effet, au revers, l'image de Vulcain dans un temple tétrastyle, et la légende *Deo Volkano* (1). Or, c'est précisément le personnage mentionné dans la fameuse inscription dédiée au dieu soi-disant Volianus, DEO VOLIANO, trouvée à Nantes, vers la fin du XVI° siècle, et rapportée par Gruter, et dont voici le texte :

---

(1) On a attribué ce denier à un certain Valérien III, second frère de Gallien, créé, dit-on, César et Auguste avant 264, mais de nom seulement et sans en avoir l'autorité. Cette attribution n'intéresse le point traité par M. Dugast-Matifeux, qu'autant qu'on supposerait la pièce frappée beaucoup après la proclamation de Postume dans les Gaules. Quoi qu'il en soit, son titre la reporte à une époque antérieure à l'émission des monnaies de cuivre saucé ; car elle est en bon billon.

Note de B. Fillon.

NVMINIB. AVGVSTOR.
DEO VOLKANO.
M. GEMEL. SECVNDVS ET C. SEDAT. FLORVS
ACTOR. VICANOR. PORTENS. TRIBVNAL CM
LOCIS EX STIPE CONLATA POSVERVNT.

« *Aux divinités des Augustes. Au dieu Vulcain. M. Gemellus Secundus et C. Sedatus Florus, syndics des habitants du port, ont, d'un argent levé par contribution, bâti ce tribunal avec ses dépendances.*

« Comme on n'avait jamais entendu parler d'une divinité de ce nom, de nombreuses conjectures s'élevèrent à son sujet. Les uns, tels que Juste-Lipse et le légendaire Albert-le-Grand, proposèrent d'y voir un dieu topique, une sorte de génie particulier du lieu, qui s'était perdu avec son culte (1). Ils le rangèrent dans la catégorie des dieux inconnus, dont l'antiquaire Spon a laissé un traité spécial, sous le titre de *Diis ignotis.*

(1) *Catalogue des évesques de Nantes* dans *la Vie des SS. de Bretagne*, du P. Albert-Le-Grand, de Morlaix, p. 390 de l'édit. de Nantes, Pierre Doriou, 1837, in-4º.

« Juste-Lipse, consulté de M. Cohon, scholastique de la cathédrale et principal du collége de Saint-Clément de Nantes, par ce vers de Virgile : *Sed tamen iste Deus quis sit, da, Tityre, nobis?* (Eclog. I) Juste-Lipse répondit ingénuement qu'il n'en connaissait point du nom de Volianus dans l'antiquité, et qu'il fallait que ce fut une divinité particulière au peuple de Nantes, duquel le nom était péri avec sa religion, n'y ayant point eu de nation, de ville et de bourg, selon la remarque de Minutius Félix, Tertullien, Macrobe, etc., qui n'eût son dieu tutélaire, dont le culte ne passait point à d'autres peuples et aux habitants des autres villes, et duquel, à l'exemple des Romains, on affectait de cacher le nom. » (TRAVERS, *Explication historique et littérale d'une inscription ancienne, conservée à Nantes*, etc., p. 15-6 de l'édition originale.)

« Les autres voulurent, au contraire, le faire rentrer dans la mythologie classique ; mais ils s'y prirent de diverses manières. Quelques-uns, tels que l'oratorien Berthault, les historiens de Bretagne dom Lobineau et dom Morice, l'antiquaire Moreau de Mautour et les rédacteurs du Journal de Trévoux, virent dans Volianus une corruption de Belenus, nom sous lequel on adorait Apollon dans les Gaules. Ils pensèrent qu'on avait fait d'abord de Belenus, Bo'ianus, et ensuite Volianus, par la transformation assez fréquente du *b* en *v*. Le moindre défaut de cette interprétation est de rappeler l'épigramme si connue :

Alfana vient d'*equus*, sans doute., etc.

« L'ex-ligueur Biré et le maire Gérard Mellier, y virent Janus, et, ramenant tout à la Bible, prétendirent que, sous le couvert de Janus, il fallait entendre le patriarche Noé, qui avait planté la vigne dans les Gaules. Le P. Longueval, jésuite, historien de l'Église gallicane, croyait que Boljanus n'était autre que le dieu Janus des Latins, au nom duquel on aurait ajouté le mot celtique *bol* ou *boul*, qui signifie la même chose qu'*orbis*. Ainsi Boljanus aurait été le Janus du monde.

« Un autre savant, qui est resté presque seul de son avis (1), l'abbé Travers, historien de Nantes, se bornait aussi à y voir Janus, sans mêler le sacré au profane. Mais, voulant bien tenir compte de tous les éléments du problème, dont ne s'étaient pas assez préoccupés Biré, Mellier et Longueval, qui négligeaient ou transformaient arbitrairement en celtique la

(1) L'abbé Goujet, l'un des éditeurs des *Mémoires de littérature et d'histoire*, où fut réimprimée l'*Explication historique et littérale* de Travers (tom. V, pag. 60 à 138), s'est cependant associé à l'interprétation de *Volente Jano*, dans son *Supplément au Dictionnaire de Moréri*, tom. Ier, pag. 172, au mot BOULJANUS.

première syllabe du nom Volianus, il le coupa en deux, pour en faire d'abord l'abréviation du participe *volente;* ce qu'il expliquait ainsi : *Volente Jano*, avec le bon plaisir du dieu Janus. C'est ainsi que l'écart d'une faute nous conduit quelquefois dans une autre.

« Enfin les plus sensés, partant de l'analogie frappante qu'il y a entre Volianus et Volkanus ou Volcanus, lesquels ne diffèrent, en effet, que par une seule lettre, (ɪ au lieu du c ou plutôt de ᴋ,) qui avait pu être altérée par le temps ou même substituée maladroitement dès le principe par le graveur, car ce ne sont pas les savants qui taillent la pierre, ce sont de pauvres manœuvres, les plus sensés conjecturèrent que l'inscription était spécialement consacrée à Vulcain, sous l'invocation préalable des dieux impériaux. Gruter émit le premier, au commencement du xvɪɪᵉ siècle, cet avis, digne du plus grand collecteur d'inscriptions romaines qui ait jamais existé. *Perpendant curiosiores an illud* Voliano *non fuerit initio* Volkano, dit-il, *nam Deum illum in Galliá cultum probat eruta arula 1594 Albæ-Rufæ oppido, juxta Avenionem. à Petro-Ant. Rascasio-Bagareo, J.-C. Aquensi* (1). Les plus scrutateurs examinent avec soin si ce Voliano n'aurait point été d'abord Volkano, car un petit autel (qui lui avait été consacré) découvert en 1594 au village d'Albaroux, près Avignon, par Pierre-Antoine Rascase-Bagaré, jurisconsulte d'Aix, prouve que ce dieu était adoré dans les Gaules. — On reconnaît là l'homme qui a beaucoup vu, beaucoup observé, et qui sait

---

(1) Inscriptiones antiquæ totius orbis romani in corpus absolutissimum redactæ, cum indicibus, ingenio ac curâ Jani Gruteri. *(Parisiis) ex officinâ Commeliniand* (1603), gr. in-fol. Extrait des notes se rapportant aux pag. MXIIII, nº 4, et MLXXIV, nº 10 du texte. L'inscription d'Albaroux, dont s'étaie Gruter, est ainsi conçue :

Q. TERENTIVS VOLKANO ARAM L. M.

tirer une conséquence juste des faits connus au fait inconnu. Si l'on se fut tenu à ce premier avis, aussi modeste que sage, on se serait abstenu de barbouiller bien du papier inutilement. Et tout d'abord l'antiquaire Tristan, au lieu de se livrer aux plus tristes efforts d'érudition pour établir que Volianus est le même que Volumnius qu'on lit sur une médaille de Néron, eut fini au plus vite par cette restriction de bon sens : « Si ce n'est qu'il faille lire, comme il se peut faire, dans cette inscription, DEO VOLKANO (1). » Mais la simplicité de l'évidence répugne à certains esprits ; comme les oiseaux de nuit, ils cherchent les ténèbres dans la lumière qui les offusque. C'est ainsi que l'oratorien Berthault, l'un de ceux qui transforment alchimiquement Volianus en Belenus pour en faire sortir Apollon, ne veut même pas faire à l'avis de Gruter l'honneur de le discuter. *Libens omitto eorum conjecturam qui* VOLCANO *notissimo Deo, facili unius apicis contorsione, pro* VOLIANO *legendum censent*, dit-il dans son traité *de Ara*, cap. XXVII. J'omets bien volontiers la conjecture de ceux qui pensent qu'on doit lire VOLKANO pour VOLIANO, par le facile torturement d'une lettre. — C'était trop simple pour l'esprit du bon père, savant estimable d'ailleurs. Notre ancien collègue Athénas, l'un des rénovateurs de l'archéologie locale au commencement du siècle, ne procède pas autrement : « L'opinion de ceux qui prétendent que c'est le dieu Vulcain est insoutenable, dit-il, parce que son nom n'y est point, et que leur supposition est purement gratuite (2). » Or, le même

(1) *Commentaires historiques contenant l'histoire générale des empereurs romains*, etc., *illustrée par les médailles*, tom. I. pag. 178. Paris, 1644 ou 1657, 3 vol. in-fol.

(2) *Rapport relatif aux fouilles faites dans les années* 1805, 1806, 1807, *à Nantes, sous la direction de M. Fournier*, par Athénas. — *Procès-Verbal de la séance publique de la Société des sciences et des arts du département de la Loire-Inférieure, de* 1808, pag. 64-5. Nantes, Malassis, MDCCCVIII, in-8°.

homme qui s'évertue ainsi à ne pas reconnaître Volkano dans Voliano, trouve une analogie frappante entre *Julianus*, patron de la chapelle de l'ancienne Bourse de Nantes, et *Volianus*, dieu du commerce (1). On le donne en cent à expliquer, si l'on peut. Il y a vraiment des gens qui ne voient pas ce qui est, et voient ce qui n'est pas.

« Au contraire d'eux, l'érudit et judicieux Keyssler, passant du doute méthodique à l'affirmation, pose en fait qu'il faut lire Volkano, au lieu de Voliano qui est une faute (2), et il se fonde sur d'autres inscriptions rapportées par Gruter. Celui-ci proposait le mouvement, Keyssler marche pour le prouver à ceux qui le nient. « Cette conjecture est aussi raisonnable que plausible, dit l'historien de la religion des Gaulois, dom Martin, car il pourrait fort bien être arrivé au marbre de Nantes ce que tant d'autres ont éprouvé, et l'endroit de la pierre où était le k, aurait pu être si maltraité par le temps, qu'il représenterait maintenant un i où l'on avait formé un k. Mais cette conjecture ne saurait avoir lieu ici, car j'ai appris de l'auteur de l'*Histoire de Bretagne* (dom Lobineau), qui a extrait lui-même l'inscription sur l'original, que la pierre n'a été nullement endommagée; que toutes les lettres sont grandes et bien formées, et qu'il n'y a nulle trace qu'on ait jamais voulu graver autre chose que Voliano. » Le savant bénédictin ajoute pour ne pas laisser le lecteur incertain et pour tout concilier au fond : « Volianus, selon moi, est un ancien mot celte latinisé, dont les Romains avaient peut-être fait leur *Volcanus* et puis *Vulcanus*, qui était le dieu du feu, le feu même, le dieu des forgerons et des cyclopes, dont lui-même exerçait l'art. Selon la force de l'étymologie, Volian signifie fosse ou forge enflammée.....

(1) *Rapport relatif aux fouilles faites dans les années* 1805, 1806, 1807 *à Nantes*, page 60.

(2) *Antiquitates selectæ septentrionales et celticæ*. Hanovre, 1720, in-8°, fig.

Enfin ce qui achève de me déterminer à embrasser ce sentiment, c'est que, de toute antiquité, les Gaulois ont reconnu et honoré Vulcain, comme je l'ai déjà fait voir (1).

« Le génovéfain Mongez, depuis membre de l'institut national, rédacteur de la partie des antiquités dans l'*Encyclopédie méthodique*, après avoir d'abord endossé l'explication de Travers (*Volente Juno*) au mot Bouljanus, admit à peu près Vulcain au mot Volianus et s'y rallia tout à fait plus tard. Le savant iconographe Visconti, son collègue, partageait cette opinion. Il croyait simplement, avec Keyssler, que le mot Voliano était un Volkano mal écrit, et rien ne put l'en faire démordre; ni les copies figurées de l'inscription, ni le plâtre coulé en relief qu'on lui envoya. On peut voir la correspondance échangée à ce sujet avec l'ingénieur Fournier, qui, lui, tenait beaucoup au dieu topique *Volianus*, dans un précieux ms. de ce dernier sur les *Antiquités de Nantes*, conservé à la Bibliothèque publique de cette ville.

« Le docteur Pellieux, ancien membre correspondant de l'Académie de Nantes, auteur des *Essais historiques sur Baugency*, a laissé une petite dissertation inédite, où il se range pour Vulcain, en se fondant principalement sur notre médaille de Valérien, dont il possédait une variété. Son travail, qui a le double mérite d'être court et rationnel, est transcrit sur le ms. ci-dessus, et l'original doit se trouver dans les cartons de l'Académie.

---

(1) *La Religion des Gaulois*, tom. II, liv. IV, chap. IV, p. 16-18. Le sentiment de dom Martin mériterait certainement d'être pris en grande considération, s'il n'était superflu pour nous. Appuyons-le toutefois d'un passage important d'Isidore de Séville qu'il n'a pas connu : Vulcanum volunt ignem et dictus Volcanus, quasi volans candor, vel quasi volicanus, quod per aerem volet. Ignis enim de nubibus nascitur. Unde etiam Homerus dicit eum præcipitatum de aere in terras, quod omne fulmen de aere cadit, (*Originum*, lib. VIII, *Theologica*, cap XI, *de Diis gentium*).

« Enfin Grivaud de la Vincelle, dans son *Recueil de monuments antiques*, se prononce aussi pour Vulcain, en s'appuyant également sur les médailles de Valérien et de Gallien, ainsi que sur le bel autel de la ville de Narbonne rapporté par Gruter. Nous croyions tout d'abord être le premier à nous servir de l'argument numismatique dans la question ; mais, comme il n'y a rien de nouveau sous le soleil, voici que deux pour un l'ont fait avant nous. Toutefois, si nous n'en avons pas l'initiative, il ne reste pas moins puissant et nous espérons en doubler la valeur.

« Comme ce qui est le plus simple touche le plus souvent au vrai, les antiquaires qui ont admis Vulcain avaient pleinement raison. Ils avaient même plus raison qu'ils ne pensaient pour la plupart; car, nonobstant ce que disaient Lobineau, Athénas et Fournier, il n'y a pas seulement analogie frappante, il y a identité complète. La lettre que certains d'entre eux prenaient, avec leurs contradicteurs, pour un I, est un K, dont les deux petits jambages, quoique moins accusés que le grand, et pour n'avoir pas été enduits de rouge comme le reste, sont tout aussi réels. Nous avons surtout en vue celui d'en haut, terminé par un point fort apparent, mais nous reconnaissons que l'inférieur est altéré et que là il y a confusion. M. de Longpérier, de l'Institut, l'a parfaitement constaté sur place (1), et nous l'avons constaté

---

(1) *Société nationale des antiquaires de France, séance du* 19 *novembre* 1852. « Plusieurs fois la Société des antiquaires de France a reçu des communications relatives au dieu *Voljanus*. M. de Longpérier, en visitant Nantes il y a quelques mois, a pu examiner l'inscription, qui est fixée dans une des murailles de l'Hôtel-de-Ville, et il a reconnu immédiatement que le dieu *Voljanus* est purement imaginaire. En effet, l'inscription porte très-distinctement DEO VOLKANO (au dieu *Vulcain*), et cela se reconnaît, bien que celui qui a rempli de couleur rouge les caractères de cette inscription ait négligé de peindre les deux jambages obliques du K. Cette lettre, à la vérité, n'a pas tout à fait la

nous-même à plusieurs reprises avec notre ami Benjamin Fillon. C'est ce que démontrent d'ailleurs *à posteriori* les diverses variétés du denier de Valérien, dont quelques-unes ont également le crochet du к fort peu sensible.

« Ajoutons cependant pour ceux qui croiraient encore qu'il y a doute, puisque les uns disent oui et les autres non, que plus de deux siècles après la rencontre de cette première inscription si débattue, on en découvrit en 1805, au même endroit, près l'ancienne porte de Saint-Pierre, deux autres consacrées au même dieu, mais dont le nom était écrit en abrégé, comme suit : Deo Vol. Cette particularité ne met pas seulement à néant l'explication littérale de Travers, comme l'observe très-bien Athénas dans le *Rapport* déjà

forme que lui donnent les modernes ; elle est ainsi tracée : I‹. Mais il suffit d'une connaissance superficielle de la paléographie pour ne pas s'y tromper. M. de Longpérier a pu toucher l'inscription, et cette nouvelle épreuve ne lui a laissé aucun doute. En conséquence, il rétablit ainsi le texte complet : *Numini Augustorum, Deo Volkano, Marcus Gemellus Secundus et Caius Sedatus Florus, actores vicanorum Portensium, tribunal cum locis ex stipe conlata posuerunt.* Les mythologues auront donc à retrancher de l'Olympe gaulois un Dieu illégitime. C'est enrichir une science que de faire justice des faits erronés qui s'y sont introduits. » (*L'Athenœum français,* du 27 novembre 1852, pag. 345.)

Nous pensons, avec M. de Longpérier, qu'il importe de dégager la science des vaines superfétations et des bâtons flottants qui l'obstruent : pour cela cependant, il ne faut pas altérer les textes. M. de Longpérier se fait la partie trop belle, en mettant *numini* au singulier, de manière à pouvoir traduire : *A la divinité des Augustes, au dieu Vulcain, etc.* Il y a sur l'original *numinib.* au pluriel ; ce qui n'implique pas seulement une seule divinité ; mais toutes les divinités des Augustes, parmi lesquelles Vulcain. L'inscription était donc à la fois consacrée collectivement aux divinités impériales en général, et spécialement à Vulcain, dieu du feu, divinité tutélaire des empereurs et de leurs palais, soit comme agent de la civilisation par l'industrie, soit plutôt comme espèce d'assurance contre l'incendie.

cité (1), elle est encore une présomption qu'il s'agissait d'une divinité impériale et non locale, puisqu'il suffit des premières lettres du radical de son nom, pour le reconnaître. On répondra peut-être qu'on savait bien à quoi s'en tenir sur les lieux. Mais Nantes était une place de commerce fréquentée, un port de mer à distance pour ainsi dire, où il venait et abordait beaucoup d'étrangers; tous les navigateurs qui remontaient ou descendaient la Loire y passaient; c'était donc une énigme qu'on leur proposait dans l'inscription même consacrée à leur salut, au lieu d'une abréviation facile à compléter au premier coup d'œil? Allons donc! Dans l'une de ces inscriptions, il pourrait même se faire, si elle est entière, que le dieu VOL. fut qualifié d'auguste ou de divinité des Augustes (empereurs); ce qui ne pouvait convenir qu'à un dieu de Rome. Elle est en effet ainsi conçue.

AVG DEO VOL
PORTICVM CVM CAME
CONSECRATAM L MART
M LVCCLIVS GENIALIS
VICANIS PORTENSIB CONCES.

« C'est-à-dire, *L. Mart.* et *M. Lucclius Genialis* ont concédé aux habitants du port (ou des ports) ce portique, avec sa salle, consacrés à l'auguste dieu Vul.

« L'autre inscription, qui est d'une conservation intacte, ne souffre aucune difficulté :

(1) « La version de ceux qui veulent que l'édifice ait été bâti sous le bon plaisir de Janus, *Deo volente Jano*, est inadmissible, parce qu'ils mettent un point entre VOL et JANO, quoiqu'il n'y en ait aucun dans toute l'inscription. Elle a encore moins de vraisemblance depuis la découverte des autres inscriptions, car il n'y aurait aucun sens en transcrivant dans la première : *Numinibus Augustorum, Deo Volente, porticum,* etc., et dans la seconde : *Deo Volente, pro salute vicanorum,* etc. » (pag. 65.)

DEO VOL
PRO SALVTE
VIC POR ET NAV
LIG.

« *Au dieu Vul.*, *pour le salut des habitants du port et des navigateurs de la Loire.*

« On peut considérer les mots *Numinibus Augustorum* de la première inscription comme son titre général, dont *Deo Volkano* serait le sous-titre spécial. Tout est Romain dans cette inscription : les dieux, les empereurs, les noms propres des consécrateurs ; et l'on voudrait que le sous-titre ne le fût pas ! La logique des idées seule implique une divinité romaine, un dieu de l'Olympe. Il s'agit seulement de déterminer lequel, et là-dessus il ne peut y avoir de doute.

« Mais ce n'est pas tout. Il existe un denier assez commun de Gallien, portant au revers la statue de Mars dans un temple tétrastyle, semblable à celui qui abrite Vulcain sur notre pièce de Valérien, et la légende DEO MARTI autour. Or, près de la même porte de Saint-Pierre, ont été retrouvées, parmi les débris de l'enceinte gallo-romaine, deux autres inscriptions consacrées au même dieu Mars. L'une d'elles commence également par les mots *Numinibus Augustorum*. Son texte nous a été conservé dans une note prise, en 1777, époque de sa découverte, par Proust, doyen de la Chambre des Comtes de Bretagne, note recueillie par M. Bizeul, qui ne laisse rien échapper de ce qui intéresse l'histoire de Nantes.

« En voici le texte :

NVMINIBVS AVGVSTORVM
DEO MARTI
VOL ACCEPI
ASSO TVLLIANVS
V. S. M.

« La lecture de la troisième ligne nous semble fautive.

« L'autre, extraite en 1856 des fondations de l'abside de la cathédrale, avait déjà été relevée en partie et communiquée, par M. Verger, à la Société des antiquaires de France qui l'a insérée dans le tom. XV, p. 35, de ses *Mémoires*; mais, par suite de la mutilation de la pierre et de l'agencement des lettres, sa lecture laissait beaucoup à désirer. Elle vient d'être à peu près complétée par M. Léon Renier, qui en rétablit ainsi le texte, dont nous avons constaté l'exactitude sur l'original :

>   AVG. MARTI MO
>   GONI SIGNVM
>   CVM SVO TEMPLO
>   ET ORNAMENTIS
>   OMNIBVS SVO ET TOVTILL
>   IAE FILIAE NOMINE
>   AGEDOVIRVS MO
>   RI...FIL V. S. L. M.

« *A l'auguste Mars Mogon, en lui consacrant cette statue, avec son temple et tous ses ornements, en son nom et en celui de Toutillia, sa fille, Agedovir, fils de Mori..., s'est acquitté de son vœu, de bon cœur et à juste titre.*

« Cette seconde inscription est d'une date bien postérieure à la première (1).

---

(1) Elle paraît être de la seconde moitié du IVe siècle, et avoir été gravée sous Julien ou à l'époque du rétablissement du culte des dieux du Paganisme par Arbogast et Eugène. Je penserais même que la statue représentait l'un de ces princes revêtu des insignes de Mars. Dans tous les cas, cette inscription est très-précieuse pour l'histoire de Nantes, car elle rappelle l'un des derniers monuments payens érigés en son sein.
                                              Note de B. Fillon.

« Cette double coïncidence entre les inscriptions lapidaires de Nantes et les médailles de Valérien et de Gallien, nous paraît absolument démonstrative de l'évidence de la leçon Deo Volkano; de sorte que si la question n'était pas vidée en fait par la lecture même de la lettre en litige, comme nous le croyons, elle serait définitivement tranchée par la numismatique. Sous le gouvernement centralisé des Césars, le servilisme des villes les poussait à reproduire tout ce qui venait d'en haut. Dès-lors, on avait consacré à Nantes des inscriptions aux deux divinités impériales, pour complaire aux Augustes, *regis ad exemplar*. Outre cela, nos monnaies donnent la date approximative à laquelle les inscriptions de Nantes ont été gravées, et, par suite, celle où fut construit le monument auquel elles se rapportaient, lequel comprenait à la fois un tribunal de commerce, une bourse *(porticum cum camera)* et des autels consacrés à Vulcain et à Mars. Plusieurs commencent, en effet, comme on l'a vu, par les mots, *Numinibus Augustorum*, qui impliquent, au moment même de l'érection, la co-existence de deux augustes ou empereurs. Or, Valérien et son fils Gallien regnèrent conjointement vers le milieu du troisième siècle de l'ère chrétienne (1), et cette date coïncide parfaitement avec le caractère épigraphique des lettres. D'ailleurs les inscriptions lapidaires trouvées à Nantes sont en général de cette période, puisqu'on y lit les noms de Tétricus, de Tacite, etc.

(1) Lorsque l'armée assemblée dans la Rhétie proclama Valérien empereur, peu de temps avant la mort d'Émilien, au mois d'août 253, le sénat applaudit à son élection, et donna la qualité de César à son fils Gallien, que son père associa aussitôt à l'empire en le déclarant auguste. » (Beauvais, *Histoire abrégée des empereurs romains*, etc., tom. I, pag. 437 : Paris, Debure, 1767. 3 vol. in-12.) Si nos inscriptions sont du temps de Valérien et de Gallien, l'institution de la compagnie des Nautes de la Loire est antérieure à Aurélien, auquel on attribue son établissement.

C'est ainsi que la numismatique, trop négligée des antiquaires, qui oublient que les études sont sœurs et se donnent la main, vient quelquefois au secours de l'archéologie, et l'aide à expliquer ses énigmes.

« ....Alterius sic
Altera poscit opem res, et conjurat amice.

Horace. »

J'ajouterai seulement quelques mots à la démonstration si claire et si concluante de M. Dugast-Matifeux. Parmi les monnaies de la découverte du Veillon, il y avait plusieurs exemplaires du denier de Gallien au type de Mars, dont le revers est, en effet, comme celui de la pièce de Valérien à la légende DEO VOLKANO, la reproduction de quelque édifice religieux (1). Je partage également l'opinion de mon ami sur les motifs qui portèrent les citoyens de Nantes à dresser des autels à ces deux divinités. Dans ce cas, ces momuments auraient été construits entre 254, année de l'association de Gallien à l'empire, et 258, date de la proclamation de Postume. Il y a de plus tout lieu de croire, si l'on considère l'endroit où les inscriptions ont été retrouvées, qu'on les érigea sur l'un des points du terrain où s'élève la

---

(1) V. à la fin du §. XI ce qui y est dit sur la date d'émission de ces deniers.

Les monnaies romaines portèrent d'assez bonne heure le nom de Vulcain, sous la forme VOLKANVS. On connait en effet des deniers consulaires anonymes avec la légende VOLKANVS VLTOR, qualification donnée aussi à Mars sur des pièces de la même catégorie et sur quelques impériales ; ce qui implique une sorte de solidarité, dans certaines attributions, entre ces deux divinités, d'abord classées parmi les dieux tutélaires de la République et, ensuite, des empereurs, ou plutôt de l'empire lui-même. (*V. Mionnet, T. I, p. 76.*) — Jupiter est également qualifié *Ultor* sur diverses monnaies romaines.

« Cette double coïncidence entre les inscriptions lapidaires de Nantes et les médailles de Valérien et de Gallien, nous paraît absolument démonstrative de l'évidence de la leçon Deo Volkano; de sorte que si la question n'était pas vidée en fait par la lecture même de la lettre en litige, comme nous le croyons, elle serait définitivement tranchée par la numismatique. Sous le gouvernement centralisé des Césars, le servilisme des villes les poussait à reproduire tout ce qui venait d'en haut. Dès-lors, on avait consacré à Nantes des inscriptions aux deux divinités impériales, pour complaire aux Augustes, *regis ad exemplar*. Outre cela, nos monnaies donnent la date approximative à laquelle les inscriptions de Nantes ont été gravées, et, par suite, celle où fut construit le monument auquel elles se rapportaient, lequel comprenait à la fois un tribunal de commerce, une bourse *(porticum cum camerâ)* et des autels consacrés à Vulcain et à Mars. Plusieurs commencent, en effet, comme on l'a vu, par les mots, *Numinibus Augustorum*, qui impliquent, au moment même de l'érection, la co-existence de deux augustes ou empereurs. Or, Valérien et son fils Gallien regnèrent conjointement vers le milieu du troisième siècle de l'ère chrétienne (1), et cette date coïncide parfaitement avec le caractère épigraphique des lettres. D'ailleurs les inscriptions lapidaires trouvées à Nantes sont en général de cette période, puisqu'on y lit les noms de Tétricus, de Tacite, etc.

(1) Lorsque l'armée assemblée dans la Rhétie proclama Valérien empereur, peu de temps avant la mort d'Émilien, au mois d'août 253, le sénat applaudit à son élection, et donna la qualité de César à son fils Gallien, que son père associa aussitôt à l'empire en le déclarant auguste. » (Beauvais, *Histoire abrégée des empereurs romains*, etc., tom. I, pag. 437 : Paris, Debure, 1767. 3 vol. in-12.) Si nos inscriptions sont du temps de Valérien et de Gallien, l'institution de la compagnie des Nautes de la Loire est antérieure à Aurélien, auquel on attribue son établissement.

C'est ainsi que la numismatique, trop négligée des antiquaires, qui oublient que les études sont sœurs et se donnent la main, vient quelquefois au secours de l'archéologie, et l'aide à expliquer ses énigmes.

> «........................Alterius sic
> Altera poscit opem res, et conjurat amice.
>
> *Horace.* »

J'ajouterai seulement quelques mots à la démonstration si claire et si concluante de M. Dugast-Matifeux. Parmi les monnaies de la découverte du Veillon, il y avait plusieurs exemplaires du denier de Gallien au type de Mars, dont le revers est, en effet, comme celui de la pièce de Valérien à la légende DEO VOLKANO, la reproduction de quelque édifice religieux (1). Je partage également l'opinion de mon ami sur les motifs qui portèrent les citoyens de Nantes à dresser des autels à ces deux divinités. Dans ce cas, ces monuments auraient été construits entre 254, année de l'association de Gallien à l'empire, et 258, date de la proclamation de Postume. Il y a de plus tout lieu de croire, si l'on considère l'endroit où les inscriptions ont été retrouvées, qu'on les érigea sur l'un des points du terrain où s'élève la

---

(1) V. à la fin du §. XI ce qui y est dit sur la date d'émission de ces deniers.

Les monnaies romaines portèrent d'assez bonne heure le nom de Vulcain, sous la forme VOLKANVS. On connaît en effet des deniers consulaires anonymes avec la légende VOLKANVS VLTOR, qualification donnée aussi à Mars sur des pièces de la même catégorie et sur quelques impériales ; ce qui implique une sorte de solidarité, dans certaines attributions, entre ces deux divinités, d'abord classées parmi les dieux tutélaires de la République et, ensuite, des empereurs, ou plutôt de l'empire lui-même. (*V. Mionnet, T. I, p. 76.*) — Jupiter est également qualifié *Ultor* sur diverses monnaies romaines.

cathédrale actuelle et ses dépendances, qui, malgré plusieurs réédifications successives, n'en occupent pas moins l'emplacement précis de la première église ou lieu de prière, choisi, au IV° siècle, par les chrétiens, aussitôt après le triomphe de l'évangile dans l'ouest de la Gaule (1). En une foule de villes, ce choix tomba sur une basilique, c'est-à-dire sur une bourse, un tribunal, une salle d'assemblée publique. A Nantes, les choses se passèrent probablement de la même manière ; car l'inscription dédiée à Vulcain, source de tant de débats et d'écritures, rappelle la construction d'un édifice analogue à ceux-là, qu'on peut supposer, sans trop d'invraisemblance, avoir été approprié alors aux besoins du nouveau culte. C'était du reste dans l'ordre naturel des faits. Le christianisme, comme toutes les doctrines progressives, s'introduisit par infiltration, et eut pour premiers adeptes les hommes de travail, les petits, les intelligences d'élite, en un mot la partie vivace de la population. Les rapports continuels des marchands et marins nantais avec les habitants des provinces lointaines durent aider, d'un autre côté, à les convertir de bonne heure au christianisme, avant leurs compatriotes, auxquels ils servirent ensuite d'initiateurs ; tandis que l'aristocratie gallo-romaine, attaquée par la religion du Christ dans son égoïsme et son orgueil, se pressait autour des autels des dieux du Polythéisme, et leur demandait un vain appui. Ces autels étaient, sans aucun doute, aux alentours du tribunal, à l'instar de ce qui s'était pratiqué dans beaucoup d'autres localités. La seconde guerre des Bagaudes et les invasions des barbares ayant forcé, quelques temps après, la population à s'abriter derrière des murailles, ou à

---

(1) Je n'entends pas parler ici des lieux secrets où se réunirent les chrétiens avant le IV° siècle. Leurs assemblées se tinrent peut-être hors de l'enceinte de Nantes, dans des grottes, des carrières ou quelques maisons particulières.

en construire de plus solides que celles qui existaient déjà, on se servit tout naturellement, à Nantes, comme dans la Gaule entière, de ces débris d'une religion récemment vaincue au sein de la cité, et on les ensevelit à l'aventure dans les fondements des fortifications nouvelles, avec l'inscription commémorative enlevée au tribunal des *Nautes* de la Loire devenu église chrétienne (1). C'est ce qui explique la présence de tant de débris de temples, d'autels, de pierres tombales, parmi les matériaux de presque tous les murs d'enceinte remontant à la même époque; sans compter que la gravité des circonstances ne permettait guère de discuter le choix de ces matériaux, et que la nature et le volume de ceux des monuments en question les vouaient fatalement à cet usage. Mais le vieux monde romain eut beau se tapir derrière les décombres de ses croyances éteintes et les tombeaux de ses ancêtres, s'en faire un rempart contre le châtiment providentiel qui s'avançait avec les barbares, il ne put le conjurer, et tous ses efforts eurent pour unique résultat de laisser derrière lui, dans ce pêle-mêle de blocs cyclopéens, amoncelés à la hâte en gigantesques murailles, un témoignage presque indestructible des angoisses sans nom et des lâches frayeurs qui accompagnèrent son effroyable agonie. Le désordre de ces pierres proclame, à quinze siècles de distance, le désordre moral qui les fit entasser.

Si jamais on fait des fouilles à Nantes, pour retrouver des monuments de la période gallo-romaine et des débuts du

(1) Il est bon de mettre, en regard des inscriptions de Nantes dédiées à Vulcain, l'autel élevé aux frais des *Nautes* de la Seine, qui fut trouvé, en 1711, dans le chœur de N.-D. de Paris. On sait qu'il représente ce dieu sous le même aspect que le denier de Valérien et porte son nom écrit VOLCANVS. Ce rapprochement a pour résultat de donner une nouvelle force à l'argumentation de M. Dugast-Matifeux, et de corroborer mon avis sur l'appropriation du tribunal des *Nautes* de la Loire au culte chrétien, puisqu'un fait semblable se passa à Lutèce. (*L'Antiquité expliquée* par Montfaucon, T. II, pl. CXC.)

christianisme, c'est dans le quartier de la cathédrale qu'il faut les entreprendre, comme l'a très-bien indiqué M. Bizeul, dans un mémoire inédit sur l'enceinte antique de cette ville. Telle était aussi l'opinion d'Athénas. « Il n'y a aucun doute, disait-il, que, si l'on pouvait déblayer ce terrain, on y trouverait beaucoup d'autres inscriptions et monuments de l'antiquité (1) ». Sous l'évêché actuel et aux environs, gisent donc les éléments de l'une des plus importantes pages de la chronique nantaise ; page d'autant plus précieuse, qu'elle serait écrite avec le secours de monuments contemporains d'une incontestable authenticité, et non fabriquée à l'aide de légendes amplifiées par les moines du XIIe siècle, ou de ces traditions apocryphes et mensongères, qu'une école historique s'efforce aujourd'hui, avec une ardeur digne d'un but plus louable, de faufiler parmi les vraies sources des annales de nos églises. Depuis longtemps, il est question de rebâtir cet évêché. Quand on exécutera ce projet, l'occasion sera belle de s'assurer si le terrain, sur lequel il s'élève, ne recèle pas en son sein quelque témoignage lapidaire de nature à débarrasser enfin, par contre-coup, la chronologie religieuse de Nantes de ce qu'on veut y introduire de fabuleux. « L'histoire du christianisme est assez magnifique pour pouvoir se passer de la légende (2), » qui ne fait que l'obscurcir et la montrer trop souvent sous un jour étroit et ridicule.

§ XI.

Arrivons maintenant à ce qui me reste à dire sur les monnaies de Postume et de Gallien.

---

(1) *Rapport relatif aux fouilles faites dans les années* 1805, 1806, 1807, *dans la ville de Nantes, sous la direction de M. Fournier*, par Athénas. Procès-verbal de la séance publique de la Société des Sciences et des Arts du département de la Loire-Inférieure de 1808, n° 61.

(2) Alfred Giraud. — *Revue des provinces de l'Ouest*, 1856-1857, p. 55.

La vue des médailles du premier de ces princes venant de notre découverte permet de croire à la possibilité de ranger chronologiquement la plupart d'entre elles, et, cela par l'examen du caractère des têtes et du style des revers qui subirent, pendant le cours de dix années de règne, des modifications très-sensibles pour l'œil le moins exercé. Les pièces sur lesquelles se trouvent des dates certaines, indiquées par la mention du consulat et de la puissance tribunitienne, servent de points de repère à cette classification. Ce mémoire étant mon premier début dans la numismatique romaine, je n'aborde un pareil sujet qu'avec appréhension, d'autant plus que privé de moyens de comparaison et de livres sur la matière, je viens peut-être me heurter à une question depuis longtemps vidée. Si, par hasard, elle est indiquée ici pour la première fois, mes collègues pourront peut-être me pardonner ma témérité.

Posons d'abord en principe que tous les revers contenus dans le dépôt du Veillon, où il y en avait assurément beaucoup d'autres que ceux étudiés par moi (1), proviennent d'émissions antérieures à l'an 265. Passant ensuite les têtes en revue, je reconnais en elles quatre états bien distincts.

La nomenclature suivante accusera mieux ma pensée.

I. — La tête mince, alongée, plus jeune, ayant les cheveux lisses sur le front surtout, et la barbe moins longue que sur les pièces d'une date postérieure. Le travail général est maigre et dépourvu de mouvement. Les pièces de cette catégorie portent des traces bien visibles de circulation.

1° SALVS PROVINCIARVM. Le Rhin couché.

2° VICTORIA AVG. — Victoire passant à gauche, présentant une couronne de la main droite, tenant une palme à la

---

(1) Le dernier n° de la *Revue numismatique*, qui vient de m'être remis *(année 1856 paru en 1857)*, renferme une note de M. de Witte sur la découverte du Veillon, dans laquelle il signale 46 revers de Postume, c'est-à-dire près de 20 de plus que je n'en ai trouvé.

gauche et foulant un captif sous ses pieds.—Revers identique à celui de Gallien avec la légende VICT. GERMANICA.

3° HERC. DEVSONIENSI. Hercule s'appuyant sur sa massue et tenant un arc de la main gauche. Il y a eu nécessairement des émissions prolongées à ce type ; car le caractère de la tête change. Sur les plus anciennes, un peu usées par la circulation, elle est semblable à celle du n° 1.

Il est bon de remarquer que ces trois revers et les autres du même prince composés dans cette donnée, rappellent des évènements accomplis sur les bords du Rhin et en Germanie. Ils datent par conséquent du moment de la proclamation de Postume. On est frappé de leur rapport avec ceux de Gallien gravés à l'occasion des victoires de son général sur les Germains. Toutes ces pièces rappellent sans doute les diverses phases de faits accomplis à petite distance les uns des autres.

II. — La tête est plus grosse, mais conserve quelque chose du travail de la précédente ; les cheveux s'abaissent en mèches lisses sur le front, la barbe est un peu plus longue, (second consulat, an 259).

1° L'empereur debout, tourné à droite, tient un globe d'une main et s'appuie sur une lance de l'autre. P. M. TR. P. COS. II. P. P.

2° PAX. AVG.

3° LAETITIAE AVG. — Galère.

4° FIDES MILITVM. Femme tenant deux enseignes.

5° HERC. PACIFERO.

6° MONETA AVG. — Plusieurs émissions successives, dont quelques-unes postérieures de quelques années à cette période. La découverte du Veillon, renfermait des milliers de deniers à ce type, le plus commun de tous, avec celui du n° 5.

III. — Tête un peu plus vieille, barbe crépue, cheveux se divisant par mèches assez plates. Le style des revers, quoique lâché, est préférable néanmoins à celui des précédents.

1° P. M. TR. P. IIII. COS. III. P. P. Mars portant une haste et un trophée, passant à droite. Cette pièce a été frappée en 261.

2° VIRTVS AVG. Mars.

3° NEPTVNO REDVCI. Neptune.

4° IOVI PROPVGNATORI. Jupiter.

5° MINER. FAVTR. Minerve.

6° SAECVLO FRVGIFERO. Caducée ailé.

Je mentionne ce dernier d'après les indications qui m'ont été fournies par l'un de mes amis. Il m'est, par conséquent, impossible de le ranger d'une manière certaine dans cette catégorie. Ceux des lecteurs qui en auront des exemplaires à leur disposition pourront facilement contrôler, s'il y a lieu, ma classification.

IV. — Tête herculéenne, les cheveux et la barbe crépus. Toutes les pièces ayant ce caractère sont à fleur de coin, tandis que les autres ont circulé. Elles ont été émises après 261.

1° SALVS POSTVMI AVG. Hygie.

2° SALVS AVG. Esculape.

3° SALVS AVG. Hygie.

4° FORTVNA AVG. La fortune debout.

5° FORTVNA AVG. La fortune assise.

6° FELICITAS AVG.

7° VBERITAS AVG.

8° PROVIDENTIA AVG.

9° SAECVLI FELICITAS ; l'empereur, tourné à droite, tenant un globe d'une main et une haste de l'autre.

10° FIDES EXERCITVS. Quatre enseignes.

11° MARS VICTOR. — Mars.

12° SERAPIDI COMITI AVG. Sérapis.

13° DIANAE LVCIFERAE. Diane portant un flambeau.

14° VIC. GERM. P. M. TR. P. V. COS. III. P. P. L'empereur couronné par la victoire. — Frappé en 262. (1).

En soumettant toutes les monnaies de Postume à un classement semblable, on arriverait à faire jaillir plus d'un trait de lumière du milieu de ces épaisses ténèbres. Des faits nouveaux ressortiraient du rapprochement des types, qui se partagent en deux classes : ceux communs à divers personnages et ceux propres à ce prince. Les uns et les autres n'ont jamais été arbitrairement employés ; ils ont toujours eu leur raison d'être. Mis en regard de certaines dates, il serait possible qu'ils servissent à faire connaître des circonstances encore ignorées de la vie *du Restaurateur de la Gaule*.

La série monétaire de Postume exprime très-bien le mouvement de retour opéré sous son règne vers le culte de la forme. Elle démontre aussi jusqu'à l'évidence que ce temps d'arrêt dans la décadence artistique procéda de lui seul ; car les œuvres contemporaines ont quelque chose de fort et de trapu, calqué sur sa constitution physique, qui tenait de celle d'Hercule, son dieu tutélaire. A mesure que la Gaule recommença à respirer sous son gouvernement protecteur, l'art indigène progressa et tendit à s'épurer. D'abord froid et maigre, à l'imitation de celui de l'Italie, il finit par prendre cette tournure particulière et ce mouvement, qu'on remarque sur quelques-unes de ces belles médailles de tous modules et de tous métaux sur lesquelles se voit la figure d'Hercule (2).

---

(1) Tous ces deniers, sauf le n° 6 de la III° catégorie, font partie de la collection de mon jeune cousin Arthur Parenteau de la Voute, qui a réuni la suite la plus nombreuse, formée en Vendée, des monnaies du Veillon. Elle se compose d'environ 250 revers variés, d'empereurs, Césars, ou impératrices.

(2) V. surtout le magnifique médaillon d'or gravé dans l'ouvrage de Mionnet, *De la rareté et du prix des médailles romaines*, T. II, p. 59.

Les VIII⁰ et IX⁰ planches de la *Revue numismatique* de 1844, reproduisent plusieurs de ces monnaies, fabriquées en général pendant les dernières années du règne de ce grand homme (1).

Aussitôt sa mort, le mouvement progressif s'arrêta; mais l'art gaulois, avant de se hâter de nouveau vers la décrépitude, conserva quelques années encore un reflet de splendeur. Plusieurs monnaies de Victorin, de Marius et de Tetricus, sans avoir le mérite de celles de Postume, sont néanmoins de beaucoup supérieures à celles émises alors au delà des Alpes.

(1) C'est ici le lieu de rappeler l'intaille antique, ayant servi de signet au Prince Noir, que j'ai publiée à la page 18 de la brochure intitulée : *Jean Chandos, connétable d'Aquitaine et sénéchal de Poitou* (Londres, Curt, Lisle street, Leicester-Square. — Fontenay, Robuchon, imprimeur-libraire, 1856, in-8° de 36 pp.), et dans la *Revue des provinces de l'Ouest* de 1855-1856. Elle est la reproduction presque exacte du revers d'un aureus de Postume gravé dans Tanini (*Num. imp. rom. tab. II*) et décrit de nouveau par M. de Witte dans la *Revue numismatique* de 1844, p. 339, pl. VIII, n° 6. On y voit Hercule venant de tuer

un des oiseaux de Stymphale. A ses pieds sont trois objets ronds que je suppose être des fruits du jardin des Hespérides. L'artiste, auquel j'avais confié le soin de graver cette jolie pierre, n'en a pas du tout reproduit le style et la finesse de travail. Son bois démontre néanmoins qu'elle est contemporaine de l'aureus de l'empereur gaulois; mais on en est encore bien mieux convaincu à la vue de l'empreinte originale, appendue au bas d'un ordre donné en 1367 par l'illustre fils d'Édouard III° pour faire payer à Hues de Calviley la somme de 935 francs d'or.

J'ai dit, il y a un instant, que les premières monnaies de Postume du trésor du Veillon avaient beaucoup de ressemblance avec certains deniers de Gallien. Cette assertion a besoin d'être développée. Les deniers de cette catégorie que j'ai rencontrés sont au nombre de 11, savoir :

1° IMP. GALLIENVS. P. F. AVG. Tête tournée à droite. — ℞. VICT. GERMANICA ; victoire passant à droite, portant un trophée de la main gauche et présentant une couronne de la droite.

2° IMP. GALLIENVS P. AVG. Tête à droite. — ℞. GERMANICVS MAXV. Trophée, avec deux captifs liés à ses pieds.

3° Même tête et même légende. — ℞. RESTIT. GALLIAR. L'empereur relevant la Gaule agenouillée devant lui.

4° GALLIENVS AVG. GERM. V. Buste de l'empereur tourné à gauche, avec un bouclier, et la main droite soutenant un javelot sur l'épaule. — ℞. RESTITVTOR GALLIAR. Même type que celui du denier précédent, sauf quelques légères variantes.

5° GALLIENVS. P. F. AVG. Tête à droite. ℞. VICT. GERMANICA. Victoire tournée à droite, le pied sur un globe, avec un captif de chaque côté.

6° GALLIENVS. P. F. AVG. Buste semblable à celui du n° 4. — ℞. GERMANICVS MAXV. Même type que celui du n° 2.

7° GALLIENVS. P. F. AVG. Buste à droite. ℞. VICT. GERMANICA ; victoire passant à gauche, foulant un captif du pied droit. Le travail et le type de cette pièce sont identiques à ceux du denier de Postume décrit au n° 2 de la 1re catégorie.

Il y avait en outre plusieurs exemplaires des quatre deniers suivants :

8° IMP. GALLIENVS. P. AVG. Tête tournée à droite. — ℞. IOVI VICTORI. — Statue sur un socle portant : IMP.

CES. Le travail de cette monnaie est tout-à-fait semblable à celui du n° 2.

9° GALLIENVS. P. F. AVG. Buste semblable à celui des n°ˢ 4 et 6. — ℞. VIRT. GALLIENI AVG. L'empereur, armé d'une lance et d'un bouclier, terrasse un guerrier abattu.

10° Même légende que le précédent denier, tête à droite. ℞. Également semblable.

Enfin, 11° GALLIENVS. P. F. AVG. Buste semblable à ceux des n°ˢ 4, 6 et 9, ℞. — P. M. TR. P. VII. COS. IIII. P. P. Mars, un trophé sur l'épaule gauche, passant à droite. Cette monnaie frappée en 261, est d'un travail plus lâché que les autres décrites avant elle : ce qui me fait estimer ces dernières un peu plus anciennes. Elles sont d'ailleurs encore de bon billon et portent *toutes* des traces très-évidentes d'une circulation assez prolongée.

La réunion de ces diverses indications fournies par la numismatique me conduit à en conclure :

1° Que les dix premiers n°ˢ ont été émis entre 257-258 et 261 ;

2° Qu'ils sortent peut-être en partie d'ateliers gaulois ; opinion fondée sur ce que leurs revers ont tous plus ou moins rapport à des faits accomplis en Gaule ou en Germanie, contrées sur lesquelles Gallien avait une action plus directe, et qui étaient sous sa surveillance spéciale ;

3° Que le denier, donné par Mionnet à Postume fils, a été restitué avec raison à son père (1) ; car le revers de cette monnaie est la copie des bustes de celles de Gallien mentionnées sous les n°ˢ 4, 6, 9 et 11 ; qu'elle est dès lors d'une émission peu éloignée de l'an 258, et que son revers représente vraisemblablement Mars sous les traits de Postume.

(1) *De la rareté des médailles romaines*, T. II. p. 70, planche.

4° Que les deniers de Valérien à la légende DEO VOL-KANO et de Gallien à la légende DEO MARTI, qui sont les produits d'émissions contemporaines, étant d'un travail analogue à celui de toutes les monnaies de Gallien dont nous venons de nous occuper, ont été frappés vers le même temps qu'elles, mais un peu postérieurement à l'avènement de Postume; assertion qui n'infirme pas le système de M. Dugast-Matifeux sur l'âge des inscriptions de Nantes, puisque les monuments reproduits aux revers de nos médailles pouvaient fort bien avoir été élevés quelques années avant le frappage de celle-ci, et les Nannétes avoir ainsi eu le temps de les copier avant 258.

5° Que les restitutions attribuées ordinairement à Gallien ne peuvent avoir été frappées que tout-à-fait au commencement du règne de Valérien, si même elles ne sont pas d'une date antérieure, comme je le supposerais volontiers, en raison de leur travail, rappelant celui des monnaies de Trajan-Déce et de Trébonien-Galle. Cette dernière opinion me paraît d'autant mieux fondée, que les pièces en question ont dû être émises au moment de la construction de quelque temple en l'honneur des augustes placés au nombre des dieux de l'empire, entreprise essentiellement conforme à la politique de Trajan-Déce et de Trébonien dont les règnes furent, à la fois, une réaction contre celui de l'arabe Philippe, qui, sans en avoir les vertus, avait eu les croyances des chrétiens, et un retour vers le culte des divinités payennes, pour lequel ces princes affectèrent le plus grand zèle.

6° Que l'art avançait rapidement vers sa décadence dans les parties de l'empire demeurées sous l'autorité de Gallien; tandis qu'il suivait une marche ascendante en Gaule, conséquence logique et naturelle des directions contraires imprimées par les gouvernements respectifs de ces diverses provinces.

La suite des monnaies de Gallien, que j'ai sous les yeux, accuse on ne peut mieux les phases successives de cette dégénérescence. D'abord calquées sur les pièces de Trébonien-Galle, de Volusien et d'Emilien, les siennes prennent bientôt, ainsi que celles de Valérien, un caractère encore plus mesquin mais qui leur est propre. Le cou et la naissance du buste, au lieu d'être de profil, suivant la coutume traditionnelle, sont placés de trois quarts, ce qui fait perdre aux têtes leur caractère monumental (1). Cette transformation s'opère vers l'époque du deuxième consulat de Gallien (255) ; puis arrive, deux ou trois ans après, la période des monnaies décrites tout-à-l'heure, période d'environ cinq années, à laquelle succède celle de ces affreux petits bronzes saucés, d'un style si détestable, qui inondent tous nos médaillers. Ceux émis peu de temps avant 268, sont d'une barbarie telle, qu'elle donne la plus pauvre idée de l'état de l'empire sous le pitoyable règne de l'antagoniste de Postume.

§ XII.

Le triste sort subi par cette magnifique découverte du Veillon, l'une des plus riches qui aient été faites depuis un siècle sur le sol de l'ancienne Gaule, est un exemple de celui réservé, la plupart du temps, aux objets antiques trouvés dans les campagnes. L'incurie de quelques-uns des inventeurs, l'âpre désir du gain des autres, l'ignorance de presque tous, sont, je le répète, autant des cause infaillibles de destruction. Lors même qu'ils y échappent, ils apportent un profit bien au-dessous de leur valeur réelle ; tandis qu'il n'en serait pas ainsi si l'on avait recours à des personnes instruites, avant de les livrer aux brocanteurs ambulants, aux orfèvres ou aux chaudronniers. Mais le plus sûr moyen de sauver tant de pré-

(1) Cette disposition du buste fut employée pour les femmes longtemps avant le règne de Gallien.

cieuses reliques serait d'avoir dans chaque commune un homme intelligent et de bonne volonté, chargé de recueillir ce qui vaut la peine d'être conservé, de le faire parvenir au musée fondé au chef-lieu du département, et d'expliquer à l'occasion aux campagnards les principes si simples et si sages de la loi sur l'invention des trésors. L'absurde croyance que le gouvernement peut revendiquer tout ce que recèle la terre, fait garder le silence sur beaucoup de trouvailles ; il importe dès lors de faire disparaître de l'esprit du peuple ce vieux souvenir de la législation oppressive du moyen-âge. Le maire, le curé, l'instituteur, le membre du conseil général ou d'arrondissement, qui sont en relation directe avec les administrations supérieures, conviendraient merveilleusement à ce rôle. Il ne s'agirait que de leur donner les instructions nécessaires. Que les autorités civiles et religieuses prennent sérieusement l'initiative, et les résultats seront bientôt de nature à ne pas leur faire regretter d'être entrées dans cette voie.

L'une des premières recommandations à adresser aux habitants des campagnes, est de ne jamais soumettre les objets en métal, monnaies ou autres, à un nettoyage quelconque. Pour en reconnaître la nature, il est du reste tout à fait inutile d'employer ce moyen ; car l'or conserve en terre, malgré les siècles, sa belle couleur blonde ; l'argent y reçoit une teinte noire ou grise qui sert à le faire distinguer au premier coup d'œil, et, quant au bronze, il perd à peu près tout son prix, dès qu'il est dépouillé de sa patine antique. Je citerai comme preuve ce qui arriva, il y a vingt ans, à un cultivateur des environs d'Arçay-sur-Sèvre, à propos d'une statuette de Mars en bronze d'un excellent travail. Pressé de s'assurer si sa trouvaille était en métal précieux, il eut la malencontreuse idée de la fourbir d'un bout à l'autre, de même qu'un vieux chandelier, avec du papier à dérouiller. — Dans cet état, son Mars, venu entre les mains de

M. Faustin Poëy d'Avant, fut cédé à M. l'abbé Greppo, pour une médaille de la valeur de trente francs, tandis qu'on en eut retiré 250, avant de le soumettre à cet ignoble récurage.

§ XIII.

Les débris de toutes les époques jonchent le sol de notre Vendée. Plus je l'explore, plus j'y découvre surtout l'empreinte du passage de la civilisation romaine; et, pourtant, elle était à l'extrémité de la Gaule, dans des conditions peu favorables à l'infiltration des mœurs apportées par la conquête. Qu'on la parcoure dans n'importe quel sens, partout les débris abondent : pour peu qu'on s'y arrête, il n'est presque pas de bourgade qui n'ait autour d'elle ou dans son sein des ruines de cette période, ayant servi de point de repère ou d'assises même à des constructions plus récentes. Dans le domaine des faits, comme dans celui des idées, nous sommes solidaires d'un passé qui a laissé des traces si profondes; il n'y eut presque jamais lacune dans la vie de ces petits centres de population, depuis le moment où le Gaulois romanisé se choisit une demeure plus fixe que celle de ses pères. Qui sait même si l'origine de certains de nos villages ne remonte pas à des temps plus reculés! Un raisonnement très-simple va nous en donner la presque certitude.

Quand nous apercevons, sur plusieurs points de nos contrées, ces monuments en pierre brute gigantesques et informes, qui datent d'une si haute antiquité, il nous vient de suite à l'esprit qu'ils n'ont pu se dresser là que sous l'effort des bras d'une population assez nombreuse. Or, du moment où cette population existait, il lui fallait se mettre à l'abri des intempéries des saisons, avoir un domicile fixe, du moins pour les lieux de refuge, placés ordinairement sur les bords des marais, la rigueur de notre climat ne permettant guère de demeurer sous la tente comme les peuples d'Orient. Que ces habitations fussent en bois ou en terre, peu importe! il n'en est pas moins vrai qu'elles durent se grouper en certains endroits, où les générations suivantes vinrent successivement vivre et mourir, avec cette docilité instinctive, qui fait de l'homme l'esclave de l'habitude et de la routine. De même que chacun de nous est assuré de tenir, par une filiation directe et non interrompue, aux premiers hommes apparus sur la terre, sans pouvoir néanmoins apporter de titres authentiques et notariés à l'appui de cette colossale généalogie, dont la seule pensée fait prendre en pitié ces chétives petites pancartes, où nous cousons péniblement, à la suite les uns des autres, une vingtaine tout au plus de pauvres diables, qui ont fort souvent beaucoup à perdre à cette imprudente exhibition ; de même plusieurs centres de population ont une origine contemporaine du menhir et du dolmen, debout après des milliers d'années d'existence, sans que l'archéologue puisse en administrer la preuve matérielle et saisissante.

§ XIV.

Trois à quatre gisements gallo-romains à peine étaient signalés en Vendée au commencement de ce siècle, encore les regardait-on comme des anomalies assez difficiles à expliquer, quand on n'allait pas jusqu'à nier leur existence. Un abbé fontenaisien, ancien inspecteur de l'université sous le premier Empire, auteur de deux gros volumes de variétés littéraires, disait, il y a vingt ans, ces ruines contemporaines de l'invasion normande. Le camp des Lucs (1) n'était pas à

(1) Il est possible que ce camp et ceux du même genre que l'on rencontre dans toute la Vendée, aient servi de refuge à cette époque ; mais la présence de monnaies romaines dans quelques-uns d'entre eux dénote néanmoins une origine plus ancienne. Peut-être aussi quelques-uns ont ils été construits au IVe ou Ve siècle par les populations rurales, pendant la guerre des Bagaudes et les invasions barbares.

ses yeux d'une date plus reculée, et, quelques fragments de ces poteries rouges, couvertes de figures païennes en relief, ayant été déterrées dans un pré voisin des Fontenelles, il insinua aussitôt qu'elles pouvaient bien provenir de la vaisselle de cette abbaye, fondée en 1210 par Béatrix de Machecoul ! — Cet opiniâtre ennemi des Romains, à cheval sur les commentaires de César et les légendes des Saints, en arrivait ainsi à conclure implicitement que, durant sept à huit siècles, les populations poitevines, encloses entre la Sèvre et la mer, passées à l'état de larves, n'avaient commencé à renaître qu'au contact vivifiant des moines. — Ne souriez pas, lecteur, car notre abbé a fait école.

§ XV.

Il serait trop long de donner ici la nomenclature de tous les points de notre département sur lequel on a rencontré des substructions gallo-romaines : leur nombre s'élève déjà à plus de cent. L'ancienne côte, depuis Benet jusqu'aux limites du pays de Rais en est littéralement couverte, et l'intérieur des terres en a aussi sa bonne part. Quelque jour je donnerai peut-être un mémoire étendu sur cette matière, avec une carte indiquant les tronçons d'anciennes routes mis à nu ; mais je suis loin aujourd'hui d'avoir rassemblé tous les matériaux nécessaires à sa rédaction. Je me contenterai de mentionner quelques lieux où des fouilles bien conduites amèneraient à coup sûr des découvertes d'un haut intérêt. Ces lieux sont : St-Georges-de-Montaigu, (l'antique *Durinum*); Jart (1);

---

(1) Il faudrait fouiller d'abord l'endroit où a été rencontré le beau vase en terre rouge avec figures, déposé au musée archéologique de la Vendée. Comme il provient évidemment d'une sépulture, il y a certitude d'en trouver d'autre à côté.

la Touche-Grignon, commune d'Angles (1); l'Erablais, commune de Saint-Martin-Lars, et, surtout, le Langon (2), où des restes de constructions importantes apparaissent chaque fois qu'on fait quelque tranchée. Des débris de statues, d'entablements et de colonnes, des ustensiles en bronze de plusieurs sortes (3), des monnaies gauloises et romaines, révèlent la présence, en cet endroit, d'un antique petit centre de population, qui a laissé des traces d'une certaine splendeur. J'appelle spécialement l'attention des archéologues sur un morceau de terre situé sur le bord du marais, dans la plaine s'étendant du bourg au village du Pontreau, non loin des Ouches Saint-Graoust; il y a là l'un des plus anciens cimetières chrétiens du Poitou, ainsi que nous l'a appris une précieuse inscription funéraire de la fin du IIIe siècle ou du commencement du IVe, qui y a été déterrée. Elle ne porte que les mots :

VERPANT
ROMVLVS L.

(1) V. le compte-rendu des découvertes qui ont déjà été faites en ce lieu, il y a quelques années, dans ma petite brochure intitulée : *Découverte des restes de deux villas gallo-romaines dans le Talmondais.*

(2) L'ancien nom de ce bourg devait être *Aligno*, comme celui de Langon, sur la Garonne, mentionné dans une des lettres de Sidoine-Apollinaire (Liv. VIII. N° 12.) C'est donc par erreur qu'on a écrit *Alingonium*, dans une note communiquée par moi à l'auteur des *Recherches sur une famille poitevine (Maynard-Mesnard)*, et insérée à la p. 132 de cette brochure.

(3) M. Rouhault-Berthelot, propriétaire au Langon, qui a déjà fait présent au musée départemental d'un torse de statue de Diane, vient de me remettre, pour la même destination, une jolie clef en bronze, trouvée il y a peu de jours par un journalier. Il y a une cinquantaine d'années, plusieurs autres instruments en ce métal furent également recueillis par M. Gauvin, notaire ; on ignore ce qu'ils sont devenus. — Enfin, il y a environ quinze ans, une statuette en bronze de Minerve et une jambe de même métal, appartenant à une seconde statuette, furent retirées d'un fossé près de l'ancien port,

Mais la petite palmette placée avant le premier nom indique clairement que le personnage en l'honneur duquel elle a été gravée, appartenait à la foi nouvelle (1). J'ai possédé deux poissons en verre, ayant servi d'amulettes chrétiennes, trouvées dans ce champ, il y a quelques années. M. de Verteuil, qui a fait hommage de l'inscription au musée départemental de la Vendée, est propriétaire du terrain ; c'est assez dire qu'il permettra d'opérer des fouilles, au moment où la terre sera dépouillée de ses moissons. On est assuré aussi de l'intelligent concours de M. Girard, maire de la commune, et de ses autres administrés, qui, seuls peut-être en Vendée, ont compris tout d'abord que les collections publiques étaient la meilleure place des objets antiques, et qui s'empressent, avec une bonne volonté digne des plus grands éloges, de sauver de la destruction tout ce que la pioche et la charrue ramènent de temps à autre à la surface du sol (2).

Cette bonne volonté des habitants du Langon me remet en mémoire ce qui arriva, il y a quelques années, à un vieux paysan de Quiquères, commune de Corné, près d'Angers. L'anecdote a son côté moral et vaut la peine d'être racontée.

Ce paysan rencontra sous sa pelle, le 12 janvier 1847, tandis qu'il labourait un petit champ, son unique fortune, un pot rempli de pièces d'or du haut Empire. Rentré chez lui, le brave homme fit part de sa découverte à sa famille, et, après mûre délibération, ne trouva rien de mieux à faire que d'aller à la ville demander conseil à M. Paul Marchegay,

---

(1) V. *Roma Sobterranea* (de Paul Aringhi) p. 319, et les observations sur les cimetières des martyrs de Rome de Boldetti.

La palmette semblerait indiquer que le gaulois Verpant fut un martyr. Cet emblème servait aussi parfois à désigner simplement les adeptes du christianisme.

(2) Une modique somme de trois à quatre cents francs couvrirait les frais de cette exploration.

alors archiviste de Maine-et-Loire, auquel il remit, avec une confiance entière, le soin de ses intérêts. Celui-ci allait partir pour Paris : quelques jours plus tard, il cédait au Cabinet national les principales raretés de la trouvaille, vendait le reste à M. Rollin, et expédiait une somme considérable à l'habitant de Quiquères. « Quel malheur que Dieu « ne nous ait pas envoyé çà l'an dernier, dit les larmes aux « yeux l'honnête vieillard, en recevant le produit de la « vente de ses pièces, mon fils ne serait pas mort ! » — Trop pauvre pour racheter son enfant du service militaire, il venait de le perdre quelques mois avant la rencontre du trésor, qui lui servit à créer une petite fortune à sa famille, aujourd'hui en pleine voie de prospérité (1).

Je ne saurais mieux clore ce travail, destiné à conserver le souvenir d'une découverte gaspillée de la manière la plus stupide et la plus déplorable, qu'en engageant tous mes compatriotes à suivre l'exemple donné par les habitants du Langon et par le vieillard de Corné. La science y gagnera, et, le cas échéant, les intérêts des inventeurs de trésors n'en seront que mieux sauvegardés.

Fontenay-Vendée, 15 mars 1857.

(1) V. *Revue numismatique*, 1847, p. 312.

APPENDICE.

Il m'est venu, ces jours derniers, quelques nouveaux renseignements que je crois devoir consigner ici, d'autant plus qu'ils me permettent de rectifier une ou deux inexactitudes.

I.

On a trouvé dans le trésor du Veillon quatre grands bronzes et non pas trois. Le quatrième est d'Alexandre Sévère portant au revers la monnaie et la légende MONETA RESTITVTA.

II.

On m'a signalé en outre les deniers suivants :
Septime Sévère. — PROVIDENTIA, tête de Méduse ;
Julia Domna. — VESTA MATER, femme sacrifiant devant un temple ;
Geta. — PONTIFEX COS., tête de Minerve ;
Maximin. — VICTORIA GERMANICA, Maximin couronné par la victoire ;
Herennius. — SPES PVBLICA, Herennius dans un temple ;
Hostilien. — VICTORIA GERMANICA, victoire passant.

Je ne ferai que mentionner de plus un Gordien d'Afrique, fils, possédé, dit-on, par une personne des environs des Sables. La description qui m'en a été donnée, est trop peu exacte, pour que je ne doute même pas de son existence.

III.

Un faux renseignement m'a fait dire à la p. 24 qu'il y avait dans la découverte des *restitutions* au type de l'aigle. Je suis à peu près certain aujourd'hui qu'elles étaient toutes à celui de l'autel.

www.ingramcontent.com/pod-product-compliance
Lightning Source LLC
LaVergne TN
LVHW051511090426
835512LV00010B/2474